家是孩子和爸爸妈妈一起长大的地方。

While we try to teach our children all about life,
our children teach us what life is all about.

带娃的生活一半是鸡血、一半是鸡汤、
一半是火焰、一半是海水。

爸爸读书

家里读书角

徒步远足

参加跑步比赛

露营

洗碗

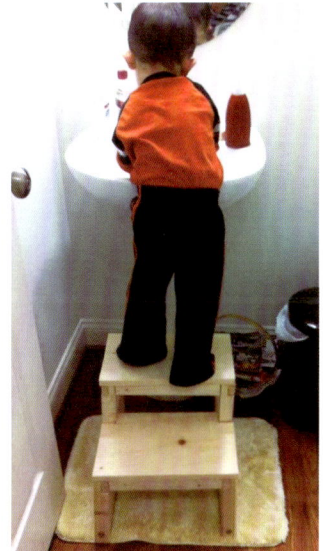

爸爸做的踩脚凳

捞螃蟹

家是另一个学校

一起成长Grow With You

从"把孩子的教育托付给老师和学校",

到"对孩子教育的身体力行和独立思考",

我们经历了悄悄的蜕变。

我们慢慢学会了放下身段和放低姿态,

跟孩子一起感受成长带来的各种情感;

冲破隔阂,

让家人之间更懂得爱、珍惜爱;

摒弃无知,

让管教方法更加科学;

不再盲目,让教育眼光更加高远。

我们后来才发现,

原来家是孩子和爸爸妈妈一起长大的地方。

家

是另一个学校

给父母的 12 种家庭教育能力

刘晓 程毅——著

华东师范大学出版社
·上海·

图书在版编目(CIP)数据

家是另一个学校:给父母的12种家庭教育能力/刘晓,程毅著.—上海:华东师范大学出版社,2021
ISBN 978-7-5760-1591-1

Ⅰ.①家… Ⅱ.①刘…②程… Ⅲ.①家庭教育 Ⅳ.①G78

中国版本图书馆 CIP 数据核字(2021)第 086224 号

家是另一个学校
给父母的 12 种家庭教育能力

著　　者　刘　晓　程　毅
责任编辑　刘　佳
特约审读　向　颖
责任校对　邱红穗　时东明
装帧设计　高静芳等

出版发行　华东师范大学出版社
社　　址　上海市中山北路 3663 号　邮编 200062
网　　址　www.ecnupress.com.cn
电　　话　021-60821666　行政传真 021-62572105
客服电话　021-62865537　门市(邮购)电话 021-62869887
地　　址　上海市中山北路 3663 号华东师范大学校内先锋路口
网　　店　http://hdsdcbs.tmall.com

印 刷 者　上海龙腾印务有限公司
开　　本　787×1092　16 开
印　　张　17
插　　页　2
字　　数　193 千字
版　　次　2021 年 6 月第 1 版
印　　次　2022 年 3 月第 3 次
书　　号　ISBN 978-7-5760-1591-1
定　　价　72.00 元

出版人　王　焰

(如发现本版图书有印订质量问题,请寄回本社客服中心调换或电话 021-62865537 联系)

目录

前　言　做爸妈以后，我遇见了更好的自己　　001

第一章　**识得了进退**
到底该不该管？　　003
盘旋在孩子头顶的爸妈　　008
高压管教还是佛系散养？　　012

第二章　**打得破陈规**
我们有哪些惯性思维？　　019
园丁和木匠　　023

第三章　**推得动队友**
如何让爸爸入伙带娃？　　030
火星爸爸和金星妈妈的对话　　034
家庭的 GPS 导航仪　　047
爸爸带娃的自带福利　　053

第四章　装得了糊涂

只说 YES 的妈妈　　　　　　　　　058
生了个不省心的孩子?!　　　　　063
用你的眼睛看世界　　　　　　　065
给孩子一张"投诉条"　　　　　　070

第五章　跳得过陷阱

孩子,我们需要一份协议　　　　082
一个有趣的词　　　　　　　　　089

第六章　治得了毛病

青少年的大脑,没有刹车的法拉利　105
"应得特权"心态　　　　　　　　108
无聊病　　　　　　　　　　　　117
跳出舒适圈　　　　　　　　　　121

第七章　收得住情绪

你有多少种情绪？　　　　　　130

我的眼里只有你　　　　　　　134

你的帽子是什么颜色？　　　　137

第八章　逮得到幸福

两个幸福公式　　　　　　　　149

幸福水桶　　　　　　　　　　161

爱你在心口难开　　　　　　　171

父亲节的一封信　　　　　　　177

第九章　练得成学霸

把教室搬回家　　　　　　　　185

孩子自觉学习的秘密　　　　　188

怎么读英文原版书籍？　　　　191

爸妈的心理学　　　　　　　　200

第十章　带得动学渣

　　让孩子专注真难　　　　　　　　　206

　　怎么让孩子学会反思？　　　　　　213

　　一起玩,是最好的学习　　　　　　 215

第十一章　看得破大局

　　"孩子早些知道自己没有天赋挺好的！"　225

　　什么比成绩更能预测一个人的未来成就？　227

　　怎么选择课外活动？　　　　　　　229

第十二章　卜得到未来

　　什么是真正的"学习"　　　　　　　235

　　在二十一世纪,读书是为了什么？　　242

　　让成长看得见　　　　　　　　　　251

结语　　　　　　　　　　　　　　　257

前言

做爸妈以后，我遇见了更好的自己

2020年蔓延全球的一场疫情，让我们不得不重新调整生活节奏，而回归家庭成了重要和必要的一部分。终于，我们有了大把的时间牵着孩子的小手在林间散步，听着他们津津有味地分享最感兴趣的电脑游戏；或者，花上好几个小时，跟他们一起开心地玩着纸牌或者大富翁。我们突然觉得，慢一些的生活节奏，也挺不错的。我们很享受轻轻抚摸儿子柔软的发梢，陪他们一页页地读着厚厚的动物百科，蹲在路边看蚂蚁把面包屑一点点搬回家，还有在后院里发现各种奇怪的植物。我们感慨，原来回归简单的时光，竟然可以如此美好！

(与其花大价钱送孩子上各种补习班，不如带孩子去看山看水。有时候他们需要的只是父母的陪伴而已。)

一直在忙碌的我们，也终于可以依偎着烛光，品品小酒，回想过去的十年。我们从大儿子呱呱坠地的那一刻开始，一个个片段地回忆起，为人父母的心路历程一一呈现。

自从我们有了两个孩子后，带娃的生活一半是鸡血、一半是鸡汤、一半是火焰、一半是海水。两个儿子刚上学的时候，在学校做了一些调皮捣蛋的事情，然后我们夫妻俩直接被请进校长办公室，跟孩子一起接受教育。也就是在这个时候，爸爸程毅开始更多地参与到孩子的教育中，从早期"把孩子的教育托付给老师和学校"转变到"对孩子的教育身体力行和独立思考"的状态。他这个理工科博士后开始拿起笔杆子，以公众号原创文章的形式，在公众号"美国双博士爸妈"（ID：RaiseOurFuture）分享做爸爸的育儿体验。妈妈刘晓博士，本身是教育专业，从中国的学校到美国的学校，从公立学校到私立学校，从教学岗位到管理岗位，从来没有停止过对教育的思考。

在为人父母的十年里，我们常常反思，时刻聚焦在孩子身上的、我们所追求的完美的亲子关系和优质教育，有多少是"好钢用在刀刃上"般的物有所值，又有多少是镜花水月、缘木求鱼呢？我们怎么才能成为更合格的父母呢？我们曾经寄希望于"孩子你快快长大、快快懂事"。但后来发现，与其指望孩子来改变自己、满足家长的期望，不如我们自己来学会成长，跟上孩子不同阶段的发展和社会上教育趋势的变化。

回顾过去，我们正经历悄悄的蜕变：心态从焦虑到理性，情感从遥远到亲近，思想从固化到成长，眼光从现在到未来。而带来这些变化的原因是我们慢慢学会了放下身段和放低姿态，跟孩子一起感受成长带来的各种情感；冲破隔阂，让家人之间更懂得爱、珍惜爱；摒弃无知，让管教方法更加科学；不再盲目，让教育眼光更加高远。我们后来才发现，原来家是孩子和爸爸妈妈一起长大的地方。

本书从十二个方面，分析孩子赋予父母的十二大能力，伴随着我们对家庭教育核心问题的思考。

第一大能力：识得了进退。在孩子的生命中，我们到底应该扮演什么角色？在严父慈母、虎妈狼爸之间，我们应该怎么选择？我们应该管什么？管多少？"管"的分寸和智慧是做父母最大的艺术。

第二大能力：打得破陈规。每个人都有自己的局限性和惯性思维，怎么识别和改变并不容易。同时，父母也要不断思考，我们该做园丁还是木匠，是顺孩子天性培养还是在打造固定的产品？

第三大能力：推得动队友。很多家庭是一个焦虑的妈妈加上一个缺位的爸爸,夫妻之间统一育儿战线,说起来容易做起来难。近十年我们都在调整和磨合,终于让妈妈不再焦虑,让爸爸回归了家庭。

第四大能力: 装得了糊涂。难得糊涂的父母通常能培养更加省心的孩子;用充满同理心的口吻跟孩子沟通,让孩子也有说 No,也有投诉的机会,会让孩子感受到充满爱的引导。

第五大能力: 跳得过陷阱。受很多不确定的社会环境的影响,现在的孩子面临很多诱惑和陷阱。爸爸妈妈不仅要擅长识别危险信号,还要陪着孩子跨过陷阱,在人生路上勇往直前,这都需要很多的策略和很大的勇气。

第六大能力: 治得了毛病。孩子的大脑在发育过程中会展现惊人的潜力,但是他们也缺乏自控以及长远规划的能力。孩子的"特权心态""无聊病"等很普遍,但是总有一些好办法能治得了这些毛病。

第七大能力: 收得住情绪。有情绪并非坏事,解决情绪困扰才是真谛。用每天十分钟的亲子时间,让彼此内心充满温暖。从对方的角度思考问题,会让争吵变成沟通的良机。

第八大能力: 逮得到幸福。带娃的辛苦和琐碎中蕴含着幸福的真谛。但是幸福不会自己如期而至,而需要用心去感知和体会。怎么学会苦中作乐、让笑容赶走忧伤,让乐观战胜困难?怎么让家人更好表达和感恩彼此的付出和爱?这些都是我们为人父母每天要思考的问题。

第九大能力: 练得成学霸。让孩子能自觉学习的秘密在于让孩子从小养成阅读的好习惯。从家里环境的布置到陪读的心得,到英文原版书籍的阅读,我们分享自己的心路历程。抓住阅读,也就送给了孩子终生学习的礼物。

第十大能力：带得动学渣。让孩子专注有意义的事情、不断反思和进步并非易事，但是有好办法就能事半功倍。舍得陪孩子玩、乐意花时间去了解孩子的喜好，会让不爱学习的孩子变得爱学习。

第十一大能力：看得破大局。父母的教育方式常常受自己的成长经历和惯性思维的影响。打破那些看似有理的谬论，清醒看待学习这件事和成长的真谛，是能识大局的父母的必备。

第十二大能力：卜得到未来。在二十一世纪，孩子为什么还要读书？未来社会的发展趋势到底如何？综合多年在国际教育领域的思考和优秀学校的考察，我们给出自己的答案。

我们的成长和教育经历融合了东西方的特色，对孩子的教育也是东西方文化的磨合。本书的很多内容是我们的亲身经历，也有旁征博引、广采众长。为了方便读者理解和增加代入感，以第一人称的刘晓博士的口吻来陈述。但是，中间的经历是我们夫妻共同分享，文章也是我们共同撰写的，在很多情况下，书中的"我"替代成一个父亲角色，也是完全合情合理的。当出现"我们"的时候，通常指我们俩人的共同经历。程毅博士给书中的部分内容配了手绘插画。我们力求叙述精炼，着重实操内容，让家长们和孩子们在听故事的同时，也知道怎么具体践行。让读者们在感受到教育理念和情怀的同时，可以在现实生活中实践和尝试做出一些改变。

书中提到的很多工具，由于篇幅有限，没有办法进行太详细的介绍，所以只能点到为止，浅谈在家庭教育中的应用。书中的很多方法和灵感来自于学校管理或者企业管理，但是我们觉得在家庭教育方面有实用价值，所以我们进行创新应用。所谓"师傅领进门，修行在各人"，如果您觉得某种管理方法有用,希望你根据自己的需求,进一步查找相关资料。我们只能起一个抛砖引玉的作用。这些工具的模板会附在书中,供读者使用。

在本书当中,我们把一些心得体会变成了可视性的图,既是帮助读者更加理解我们要表达的含义,更加是对着自己思维的一个重新审视和梳理。

书中收录了一些我们两个儿子在成长过程当中"口吐莲花"蹦出来的童言童语。虽然带娃路程辛苦,但是爸爸妈妈们千万不要忘记有时候也要像孩子一样充满天真和童趣地看世界,记得多开怀大笑。

我们借此书,致敬曾经指导和帮助过我们的所有老师,是他们给了我们启发;致敬合作单位,是他们给了我们更多灵感和启发;致敬我们的父母,是他们赋予我们生命;致敬我们的孩子和学生,是他们帮助我们变成更好的自己!

程毅博士

刘晓博士

2021 年春

第一章 识得了进退

暑假到了，孩子参加了游泳队，忙坏了负责接送的我们。每天早上六点，我们拉起睡眼惺忪的儿子们，手忙脚乱地往车上塞好浴巾、游泳眼镜等，就赶过去参加训练。每天吃完晚饭，也要连哄带骗地把他们推进水池再练会。

终于，皇天不负有心人！两个孩子都顺利晋级，暑假末期要参加州里的比赛了！

孩子们在里面热身，家长们在外面做着啦啦队、后勤队的准备。虽然家长们肤色不同，来自不同的行业，但是整个暑假天天见面，到比赛那天，我们已经非常熟络了，于是大家聚在一起聊起了天。我们当中有绝对的"狼爸虎妈"，对孩子的时间安排到了每一分钟，要求孩子事事争第一；也有佛系散养的父母，学什么、学多少随缘，学什么都是修身养性而已。各家自备一些饮料，一边开怀畅饮，一边开怀畅谈，从"铲雪车爸妈"到"直升机父母"，从虎妈到犬爸，各抒己见。

到底该不该管？

有着一对可爱双胞胎儿子的凯瑟琳给每个人递了一瓶可乐，首先提议大家干一杯："来，我们太不容易啦！"

大家开心地响应："干杯！"

凯瑟琳是医学博士，但是无论是写博士论文，还是做外科手术，她说："都没有带孩子这么累！"

放下饮料，凯瑟琳若有所思地说："我一直在思考一个问题，今天跟大家探讨一下好吗？在面对孩子教育问题的时候，我发现，有的家长比较严格，信奉'棍棒底下出孝子'，就像我姐姐，结果造成了孩子的逆反；有的比较放纵孩子，结果发现孩子长大了以后更加不听自己的；有的家长实在是太忙，基本是孩子生活里可有可无的人，比如我家那位爸爸；有的家长恩威并施，在'管'和'不管'之间追求一些平衡。我才发现做家长有很多不同的范啊！"

我们都好奇地看着她，不知道她到底想表达什么？

她继续解释道：

"比如，我曾经就遇到过不同类型的老板，遇到周末加班情况，不同老板有不同做法。专制型的老板会说：'周末早上8点签到，不来的就再也不要来了！'权威型的老板会说：'周末大家8点准时到，我早上7点就来候着。'老好人型的老板会说：'求求大家来帮忙吧，谢谢啦！'物质奖励型的老板会说:'周末加班,也加工资!'价值开发型的老板会说:'只有你有这个能力能帮助公司解决这个问题。你是价值极高的员工,拜托啦!'"

我好像明白了她的意思,追问道:"不知道我的理解对不对啊?在学校里,也有很多风格不同的老师,在课堂纪律管理方面,有的很专制,各种规矩和惩罚;有的是老好人,课堂上根本把控不住调皮的学生;有的是奖励型,不停地给学生各种小红花、小奖状,希望来鼓励学生;还有的老师会注重价值开发,想办法激发学生的兴趣和潜力。是这个意思吗?"

凯瑟琳跑过来跟我击掌,好像找到知音一般开心,说道:"是的,是的!"

她接着分析说:"在家里,同样的道理,也有不同的父母风格。根据心理学家的统计,根据父母在纪律要求、情感付出、沟通方式、预期程度四个方面的不同,能分四种类型呢:专制型、权威型、放任型和忽视型。"

"哦,我明白了!"老公程毅好像一下子反应过来了。他试探性地给出了一个例子:"假想,我们希望孩子收拾自己的房间。专制型的爸妈会说:'去,收拾好房间,我一个小时后来检查,没有收拾好就要惩罚!'老好人爸妈会默默帮孩子收拾好,对抬腿让你吸地毯的孩子还会感恩地来一句:'谢谢!'物质奖励型的爸妈会用零花钱作为诱饵,让孩子自己收拾。价值开发型的爸妈会这么说:'你已经是十岁的孩子了,我觉得你越来越独立和有责任心,你看,你的房间里,被子整整齐齐,地上也没有垃圾,我真为你自豪!'"

"但是,"另外一个妈妈艾比接过话,"我个人觉得,好像各种风格没有优劣好坏之分,因为每个孩子不一样,爸妈的性格也不一样,孩子和爸妈的关系、家庭的氛围也不一样。关键是找到适合的方式,对吧?"

我马上点头同意:"是的。我觉得价值开发、恩威并用的方式应该是最有利于孩子的成长的,因为过分在孩子面前展现权威,会让孩子产生逆反心理;过于讨好孩子,容易让孩子得寸进尺。就像凯瑟琳前面分析的那样。"

凯瑟琳感叹道:"我提出这个话题,是因为我特别纠结该做哪种类型的父母。比如,给孩子安排课外活动吧,安排少了我担心耽误了孩子的时间,亏欠了孩子;安排多了,孩子不高兴,我自己也要付出大量时间和钱。我也尝试过不同的风格。刚开始替孩子拿主意,越俎代庖、专制强迫,很少跟孩子有任何商量,觉得'一切都是为你好,所以你要绝对听我的'。如果孩子反抗,就会威逼利诱,让孩子就范。后来,我也尝试了老好人的类型,发现孩子挺会利用我的'好心',结果越来越放纵自己,就想着看电视、打游戏呢!我真的很纠结!"

"那现在呢?"我感觉她还有话要说,于是好奇地追问。

她说:"我发现啊,还是恩威并用型的沟通效果最好。我学着跟孩子这样说话,'宝贝啊,你看每年你都在长大,每年都学很多东西,妈妈都感觉跟不上你了。你的学习潜力真是无限啊。在我挑选的八种不同暑假活动中,你看看有哪四种是你最感兴趣的,最好在音体美兴趣发展和学习方面有一个平衡。同时你也提议两个你最感兴趣的课程,妈妈全力支持你啊!'"

"结果呢?"

"结果他们自己选了游泳和篮球,暑假每天都坚持训练。"

看来,恩威并用型的家长会注重开发孩子的原动力,尽可能以合理、民主的方式跟孩子沟通,是一种具有控制性但又比较灵活的教养方式。恩威并重型的家长能尊重孩子的观点,并及时给予回应。如果孩子对于父母的建议不理解,家长会动之以情、晓之以理,从现在说到未来,从爱、感恩说到期望和祝福,让孩子知道父母的用苦良心。

这时,艾比轻声问道:"哎,那我这样是不是不好呢?我就觉得取悦型也可以啊。撒手不管,只要孩子开心就好,不计划任何暑假活动,孩子想干嘛就干嘛,随心所欲也是幸福嘛。我这类家长不喜欢冲突,因为很担心会伤害跟孩子的亲情关系。"

我冲她一笑:"就你这样还撒手不管啊?整个暑假每天的训练你可都第一个到哦!你女儿可是女子队游得最快的,今天的比赛她一定是冠军!"

艾比不好意思地笑了:"我真的没管。是孩子自己吵着要学的。"看来,一千个家庭,一千个孩子,一千对父母,每家的情况都不一样。

在我们的家庭里,大多数时候是在不同的极端之间摇摆的,因为我也不确定什么方法对孩子有用。我们家里的两个孩子性格迥异,同样的方法,效果会不一样;同时,我们发现还得取决于情境,比如涉及安全和健康的问题,要多一些专制和控制,而对于孩子的兴趣爱好,可以多一些理解和放手。所谓"掌握重点,抓大放小"在我们家是最合适的。您更偏向于哪种管教方式呢?

第一章 / 识得了进退

| 思考工具 |

你是哪种类型的父母？

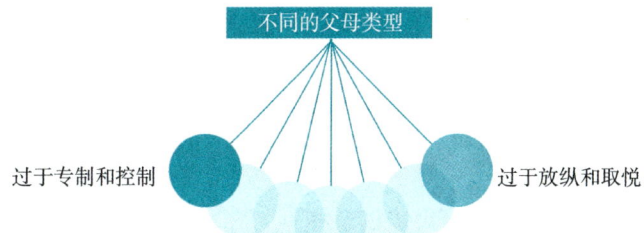

```
        不同的父母类型
       /  |  |  |  \
过于专制和控制        过于放纵和取悦
          恩威并用
```

你在哪些方面比较专制、控制孩子？在哪些方面比较纵容、取悦孩子？

_____

_____

_____

你一般是偏向于哪个极端？

_____

_____

_____

怎么调整一下，能改善亲子关系，以及提高孩子的学习兴趣？

_____

_____

_____

_____

盘旋在孩子头顶的爸妈

离孩子的比赛开始还有一段时间,于是我们继续讨论着。我抛砖引玉,开启了一个新的话题:"我感觉现在的父母都很焦虑。你们觉得焦虑的父母容易变成'直升机'或者'铲雪车'吗?"

"什么?"大家好像没有听过这种比喻。

我解释说:"'直升机式育儿'指的是父母像直升机一样徘徊在孩子身边、监控他们的一举一动,不断地监控孩子,不断地督促孩子学习;也就是说不能让孩子闲着。说实话,我自己有点'直升机父母'倾向。周末一大早起来,从孩子的营养早餐准备、课外活动安排、中文英文学习、室内室外运动,一件件事情都想安排好。仿佛如果不给孩子填充好每一分钟,盯着他吃下去每一口营养美食,我就不算好妈妈。其实,本来上班就很辛苦,周末再跟打仗一样忙碌,大人小孩都有点吃不消。"

老公搂住我的肩膀,同情地说:"老婆,辛苦了!"

我接着说:"翻开教育类书籍,我发现还有一个新词:铲雪车式父母。随着经济情况的好转,一些富裕的父母更像铲雪车一样轰隆隆前进,清除孩子通往成功道路上的任何障碍。这样,孩子就完全不必遭遇任何挫折和失败,保证一马平川。'铲雪车式'家长通常筹备得很早,孩子出生前就把孩子排在精英幼儿园的等候名单上,并想办法确保孩子从此青云直上、一路平坦。孩子上学以后,情况变得更加紧张和复杂。'铲雪车式'家长会把

("直升机"式的父母事必躬亲,恨不得时时刻刻盯着孩子)

孩子遗忘在家的作业专程送到学校,或者跟老师谈判,帮孩子搞定学习问题,或者打电话给学校的教练,要求自己的孩子加入校队。随着孩子的长大,家长替孩子摆平的频次也越来越多。进入中学以后,如果孩子拖延学业,'铲雪车式'父母会主动打电话给老师要求延期;每当有考试的时候,父母变身人肉闹钟,跟在孩子身后不断提醒这、提醒那。

"孩子该上大学了,'铲雪车式'父母更是继续鞍前马后地伺候着,铺床叠被、查看学校的伙食是否合适;如果孩子的分数不理想,父母跟老师锱铢必较,打电话谈判解决。孩子工作了,'铲雪车式'父母帮着投简历是必须的。帮孩子'走后门'还要向孩子保密,这样避免让孩子觉得羞耻;孩子工作后,大大小小的项目,父母会事必躬亲地提醒和指导着孩子们;如果孩子错过了项目完成的期限,父母会主动联系孩子的上级来解释。如果孩子工作不尽如人意,'铲雪车式'父母甚至还会跑去孩子的单位和孩子的上司投诉呢!"

（"铲雪车式"父母，恨不得把孩子前进路上的所有障碍都清除掉）

"哦，我知道你的意思了！"艾比终于明白过来，"对于'铲雪车式'父母，孩子的成败就成了他们的成败，甚至他们可以忍受自己的失败，却不允许孩子失败。在这种父母的眼中，犯错和失败的成本太高、风险太高。他们想把孩子成长路上的所有障碍清除干净！"

凯瑟琳马上接着说："我觉得铲雪车式教育，相比直升机式父母，是一种更加强迫性的教育形式。而过度溺爱，正在毁掉孩子的一个个成长的机会。这种教育理念正在制造一批批拒绝拥抱真正的成长，缺乏责任感，对自己在社会中的身份和角色充满困惑的年轻人。"

我的先生程毅博士在大学任教过，他说：

"这些过度被保护的孩子，一进入大学就会陷入困境。很多学生上了大学以后，依然依赖父母安排一切。这样长大的孩子，就算名校出生，也是毫无社会能力的脆弱易碎品。无论是直升飞机还是铲雪车式的教养，都是一种很难改掉的坏习惯。一旦养成包办的习惯，父母和孩子都陷入了恶性循环。孩子会觉得父母的付出是理所当然,难道全世界不都是欠他的吗?而父母,则在身心俱疲的操劳中,因为孩子的不懂得感恩自己的牺牲和付出而倍感伤心。"

"可是,我说个不同的意见啊!孩子愿意,父母愿意,有什么不可以吗?"一直在旁默默听我们谈话的米雪儿插话了。

她这个问题让我们一度陷入沉思。我想了想,回答道:

"不知道大家听过'巨婴'这个词吗?巨婴本义是指体型巨大的婴儿,现在则用于描述心理不成熟的成年人。巨婴的特点是:只知道索取而不知道付出,而且心理脆弱,一旦出现超出预期的情况,就会做出过激行为。巨婴有三个特点:共生、全能自恋、偏执分裂。其中,共生是指独立性差;全能自恋是认为世界必须要按自己的想法运转;偏执分裂是指认为事情只能一分为二,非黑即白,非错即对。我很担心自己过于为孩子铺路,孩子长大以后就成了'巨婴'。"

米雪儿反驳说:"如果父母愿意被啃老,愿意自己的孩子依赖自己,有何不可呢?"

艾比一听,几乎要跳起来了,声音也提高了八度:"但问题是,孩子在一辈子的时间里,怎么可能只接触父母?要知道跟他打交道的每一个人,他的室友、他的同学、他的老师、他的未来的人生伴侣,都会不得不忍受这些巨婴的执拗和自私啊!"

我们大家一下子都沉默了。

我提议大家再喝一喝饮料,缓解一下气氛。然后总结说:"我觉得,还是应该让孩子自己学会为未来做准备,而不是享受别人铺好的路。他们应该学习如何解决问题、克服挫折,因为这些都是至关重要的生活技能。如果父母不让孩子感受失败,孩子就不会有抗挫力。当一个3岁的孩子把盘子掉在地上摔碎了,下次她可能会尽量注意。当一个16岁的孩子睡懒觉错过考试,他下次一定不会忘记设置闹钟。你们觉得呢?"

艾比激动大喊一声:"同意!"

这时候,我想到了一个人。

高压管教还是佛系散养?

许多父母都听说过"虎妈"吧。

美国耶鲁大学美籍华裔教授蔡美儿被称为"虎妈"。2011年初,她出版了一部自传式作品《虎妈战歌》,一夜之间,她这个华人"虎妈"火遍了全美、名噪一时,引得无数专家为她的教育模式争论不休。

而"虎妈"之所以能引发巨大关注,是因为她的教育方法很严厉,甚至有些残酷。她用高压手段强迫自己的两个孩子,朝着预定方向前进。她的严厉,让不少习惯于管束孩子的中国父母看到后也深觉汗颜,更不用提美国父母。比如,每当小女儿大哭大闹,不愿练习小提琴,并将乐谱撕得粉碎时,蔡美儿会淡定地将乐谱粘好,然后把女儿最喜欢的玩具拖到她面前进行威胁:"如果明天还是弹不好,这些玩具我会一个一个捐掉。"而大女儿在一次数学竞赛中拿了第二,蔡美儿非但没有表扬,还逼着孩子每天晚上做2 000道数学题,直到在竞赛中夺回第一。

"虎妈"蔡美儿的两个女儿后来相继毕业于名校,并没有像人们预测的那样,饱受摧残之后丧失自我。反而,她的两个女儿非常优秀,都认为自己将来也会像母亲那样做个"虎妈",将严厉的教育手段延续。

跟虎妈相对的则是"爱尔兰猎犬爸爸"。爱尔兰猎犬虽然高大威猛,但是性格温顺善良,对小孩很友善。这个"爱尔兰猎犬爸爸"头衔受关注比较少,形容的是一类认为只要孩子快乐就好的爸爸。对照于虎妈,属于比较放任、宽松类型的管教方式的代言。

在很长一段时间里,我们也很难找准自己的定位。我们是应该做虎爸虎妈,还是做只要孩子快乐就好的爸爸妈妈?

在我们自己的成长经历当中,读书很辛苦,很不容易。老公程毅还清楚地记得,夏日炎炎的时候,为了做好考试复习,一坐一天,直到汗流浃背,连椅子都被汗水浸湿。我家在农村,学习条件比较艰苦,熬过无数个夜,期望通过教育改变命运。

所以,我们做爸妈以后,多少会希望自己的孩子能在一个更宽松、自

("犬爸"和"虎妈"各自都有自己信奉的教育理念)

由、快乐、平等的环境里成长。但是,孩子上学以后,我们才意识到,所谓的美国版"快乐教育"和"素质教育",其实更辛苦。

孩子刚开始上的是公立学校,每个学期我们得到的反馈和评语都是,孩子很棒,很好,就是上课时要集中精力。晚上我们和两个儿子仔细聊了聊,问了问他们的感受才发现,之所以不遵守纪律,是因为课堂上的内容对于他们没有挑战性,特别容易感到无聊,所以容易分心。我们知道两个儿子有不少毛病,特别好动,这样温水煮青蛙的"舒服"模式,非但不能激发儿子的学习兴趣,而且还扼杀了提高的可能性。

后来孩子转学到了竞争更加激烈的学校,我们才逐步意识到,越是富有的家庭,越是注重孩子的培养和教导。好的学校,除了注重学习,对所有孩子的艺术和体育都有很高的要求。我看到学生们的日常时间表排得满满的,几乎所有同学放了学,都背着书包、扛着乐器、拿着球具,一个个地赶场去训练、排练,参加各种课外兴趣班。高中的学生们很多时候甚至比中国的重点中学还要忙碌,因为他们要周旋在各种俱乐部活动、社交活动、学术比赛之间。不同的是,很多美国高中生会开车,无论多么富裕的家庭,孩子被"逼"着打工,自己挣零花钱。我有个学生,既是学生会主席,也是校高尔夫球队主力,周末还是个球童和外卖工。这么忙,他的学习成绩还是名列前茅。

所以说,很多精英上层家庭不光物质上富有,重视教育,占据最好的教育资源,还鼓励孩子奋斗和拼搏,拥有各种技能和实操能力。难怪家族的物质财富和精神财富能代代相传。其实不管在哪个社会,哪个国家,如果想要跻身社会精英的行列,都需要高度的自律、长远的眼光和目标、艰苦的努力和持之以恒的付出。

这时候,我们似乎有些理解了同为华人的虎妈的自白:"我希望将中式教育精髓引入宽松的西式家庭教育,两种方式应达到一种理想的平衡,唯有如此,孩子才会长成我们期待的模样。"是的,两种管教方式都有利弊,但是根据家庭情况,平衡兼容,是非常重要的。

有的家庭信奉放养式的快乐教育,有的家庭是虎爸狼妈的高压管教。其实,要看哪个更适合自己家的孩子,有的孩子可以多放手,有的孩子需要多管教。只要是适合自己家庭的,孩子都有可能成功。

那天游泳比赛现场跟其他家长的这场谈话,让我们深思了很久。最后的比赛结果我们已经不记得了,但是我记得游泳比赛结束以后,我们的两个孩子高兴地过来拥抱我们。大儿子搂着我的脖子撒娇:"妈妈,我游泳游得好吗?"小儿子也把自己湿漉漉的小脑袋塞到爸爸的怀里,撒娇着也问道:"那我呢?爸爸,我也很厉害对吗?"

望着两个可爱的小脸蛋,我们相视一笑,温柔地对他们说:"我们很爱你们!你们已经做到最好了!那我们呢?我们是不是好爸爸,好妈妈?"

孩子们眨了眨眼睛,开心地说:"你们是世界上最好的爸爸妈妈!"

此刻,我们四人相拥,沉浸在幸福当中,好像之前的不愉快完全没有发生过:上午大儿子因为说脏话被篮球教练罚站;吃中饭时两兄弟为了抢一个汉堡包大打出手;下午去游泳比赛的路上,因为我们不允许他们在车上玩手机游戏而引发冷战。

这种冰火两重天的日子,就是我们每天痛并快乐着的生活缩影。但是,这种平常得不能再平常的日子,这种酸甜苦辣的滋味才是真正的生活。

孩子会不断成长变化，我们能做的，只有不断地自我反省、自我改造、自我提升，跟着孩子一起成长。我们想，这就是为人父母最伟大的地方了吧！

> **童言童语**
>
> 有段时间《小苹果》歌曲流行火爆，不会中文的儿子很快也能哼上几句。有天妈妈跟儿子说："宝贝，你是我的小天使。"儿子很不满意，马上更正道："不是，我是你的小苹果！"

第二章 打得破陈规

曾经听过这样一个故事。在一场即将到来的战役中,指挥官为了鼓舞大家的士气、一鼓作气占领敌军的阵营,于是召集所有的士兵喊话:"有没有信心战胜对方、拿下高地?"战士们齐声高昂地回答:"有!""有没有孬种?"战士们依旧齐声答道:"有!"

　　听到这里,您可能笑了。因为很多时候,我们就是这样不假思索回答,想当然地做事。在家庭生活当中,这种"不加思索"的惯性思维它存在每个人心中,非常顽固,影响着跟孩子相处的每一天。

　　您听过这些话吗?

　　"棍棒底下出孝子。"

　　"我骂你都是为你好!"

　　"爱玩的孩子一定没有出息。"

　　"玩电脑游戏就是不务正业!"

　　这些话听上去好像很有道理,但是传递的信息是片面的。尽管我们不一定认同,但是在惯性思维的驱使下,不知不觉地会跟孩子来重复这些老话。

　　带娃是个完善自我认知的过程,在这个过程中,父母会发现自己的很多惯性思维和盲区。每个人都会存在惯性思维，用过去的知识和经验影响着当前的感知，遇到相同或相似的情景思维就会作出惯性的反应。我们发现，越是没有能力改变自己生活的人，越喜欢批评别人的改变，有一种活在自己的世界里的"无知者无畏"的自信。在育儿方面，虽然对于我们上一辈或者我们的原生家庭的教育方式有很多不认同的地方，但是往往在不知不觉中就又循着旧路走下去。所谓"不破不立"，只有认知到了自己认知的盲区和未知领域，育儿路上才会越来越得心应手。

我们有哪些惯性思维？

"来帮忙搬一搬桌椅，一起打扫一下教室。"校长 M 一见我的面就招呼我帮忙。跟着我一起走进校园的几位中文老师面面相觑，心里暗暗寻思："这一校之长，怎么没有一点当官的架势，成天撸着袖子在学校像勤杂工一样干活啊？"的确，在中国的校园里，这个场景可能很少见，就是在美国也有点不寻常。但是跟校长 M 合作几年，我们彼此很熟悉了。我笑了笑，跟其他几位老师说："来，先帮忙，然后我跟你们解释。"

校长 M 是我在特拉华州获取校长资格证过程中的导师。她是三个孩子的妈妈，为人谦逊、和蔼可亲。无论是在自己孩子面前，还是在全校师生面前，她永远是那个事必躬亲的好人。在跟着她学习的六个月期间，她教会了我，无论是做领导，还是做父母，一定要放得下身段，敢于挑战自己的思维模式。

有一次我请教她,问她家庭教育中她认为最重要的核心是什么,她想了想,说:"我觉得,不知不觉当中,我们会继承了上一辈的很多教育理念,形成了一些思维模式的固化。更可怕的是,我们不知不觉中把这种固化了的思维观念传递给下一代,有时候甚至是以心灵鸡汤的形式灌下去。如果我们能正视这些固化思维模式,变为成长思维模式,对孩子、对大人,都是好事。"

我很好奇地问校长 M:"您觉得我们家长常见的惯性思维有哪些呢?"她笑了笑,列了一张清单:

表:家长常见的惯性思维清单

"固化思维"例子	改变以后的"成长思维"
只有考试成绩好才有出息。	孩子成为一个喜欢学习的人其实更重要。
孩子老是犯错。	我又多了一个契机了解孩子,引导和帮助孩子。
别人家的孩子总比自己家的孩子强。	我不能总拿自己孩子的缺点去比别人孩子的优点;人比人气死人,不能随便拿别人家的孩子来评判自己的孩子。
孩子总是惹我生气。	我该调整应对孩子的策略。
我希望孩子有上进心、越来越优秀。	我自己应该有上进心、越来越优秀。
孩子叛逆,不听我的。	我应该先听孩子倾诉。
我不能让孩子吃苦、吃亏。	孩子体验真实的生活,学会坚毅,对他终生有益。
我"刀子嘴、豆腐心",说孩子都是为孩子好。	我说的是否就一定对呢? 我是否言语太负面、太苛刻,忘记了给孩子一个温暖安全的港湾?

续　表

"固化思维"例子	改变以后的"成长思维"
孩子小不懂事,不要怪孩子。	学会承担责任,从小就要开始。
"棍棒底下出孝子"。	棍棒之下,孩子只会越来越不相信大人。
我是父母,就得听我的。	我是父母,也由于自己的很多局限性,很多时候也是错的。
教育就是教孩子。	教育更多的是先提升自己的知识和格局。

看着这些对比,我想起了一位学生家长。

刚开始接触时,我猜我这位学生的爸爸肯定很难交谈,因为他做了20年的大学教授,现在在公司做高管。通常这样的高知家长多半会比较自信和固执,比较难听进去别人的建议和提议。

出乎意料的是,这位爸爸语出惊人:"我在大学教书很多年,长期处于单一的、同质性很强的环境下,我很担心我的看法太片面,影响了孩子的选择。所以今天想和您了解一下情况,看看什么样的升学方案比较适合我家女儿。"

在接下来的交谈中,我丝毫没有感受到这位家长的自以为是和思维定势。相反的,他不仅能够开明地接受我的观点和看法,而且还能从自己的体验和感受中,快速地链接到相关的事例,来帮助自己理解我们的谈话内容。

和这样思维清晰、思路清奇、开明谦虚的家长交谈,不仅很愉快,而且让我学到不少知识。家长往往对于孩子的未来发展有最大的话语权和决定权,同时也是孩子教育的最大投资者。我认为,能否顺应和尊重孩子的特点,改变自己固有的、陈旧的、不符合发展规律的看法,抛开成见地去引导孩子走属于自己的路,对于孩子的发展至关重要。

我自己常常拘泥在自己的认知世界里,跳不出来!比如,有段时间,我总是叹气:"为什么我的孩子总是惹我生气呢?"我很苦恼,他们也很苦恼。直到我正视自己的沟通和管教方式,调整了策略,才发现不是孩子老惹我,是我自寻烦恼而已。

我和儿子关于社交媒体和短视频有过异议和争论。我认为社交媒体和短视频浪费很多时间,但是儿子却在网上搜罗了很多证据,告诉我他其实从短视频里学到了很多。听到我们争论的一位朋友是这么开导我的:

"我们这个时代的特征之一,就是人们喜欢用视频技术来记录和传递信息。过去我们习惯的学习和交流方式不再起主导地位了。一个视频图像或是影像,所有的问题、答案、情感、思想……都在其中了。我们不但要学习怎么通过这类艺术形态,如漫画、照片、短片影视来充分完美地体现自己所要表达出的信息,包括一眼能看出的要点真相、直觉的感受、思辨的繁琐和焦点……而且要学习怎么从这样的视频画面中,尽量完整地得到自己所需要的信息。"

这次对话,让我重新审视了自己认知的局限性。看来与时俱进、拥抱新事物和用发展的眼光看待新事物,是父母的必修课。

越是为人父母,我们越要努力做到自信而不自傲,果断而不武断,自尊而不自负,严谨而不拘束,知足而不满足,平常而不平庸,随和而不随便,放松而不放纵,认真而不较真。

> **童言童语**
>
> 儿子不明白爸爸妈妈为什么要上班。
> 爸妈解释说:"上班才能挣钱买吃的。"
> 有天哥哥浪费食物,爸爸教训说要节约,有些贫困的小孩没有食物可以吃呢。
> 弟弟好奇地问:"为什么他们没有吃的呢?"
> 哥哥自作聪明地回答:"因为他们没上班呀!"

园丁和木匠

程毅启发我说:"'固化思维'类似于'木匠型教育'而'成长思维'更加类似于'园丁型教育。'"我找来加州大学伯克利分校的心理学和哲学教授艾莉森·高普尼克《园丁与木匠》一书,想好好学习学习。

木匠是一种工作,是根据木匠自己的想法、品味、技术、蓝图,制造出桌子、椅子或书架等产品。产品越接近图纸,木匠就越成功。"木匠式父母"则是将孩子看作一个原材料,认为只要父母足够努力,技术和专业足够过硬,最终的作品就会是父母所设想的那样一个聪明、成功、幸福的人。与之相对的是"园丁式父母"。园丁只是负责把植物生长的环境弄好,然后由植物自己去生长。植物要怎么长,园丁无法控制,园丁手上固然有把剪刀,可以修剪,但他不能改变植物的颜色和种类。"园丁式父母"则是将孩子看成一颗有生命的种子,需要肥沃的土壤、足够的耐心和适度的宽容,才能慢慢地长大,有的种子变成一朵花,有的种子长成一棵树。园丁虽可修剪,但无法全权控制。

科学研究也表明,作为照顾孩子的父母,更多的时候应该是像园丁一样,给孩子创造一个安全的、充满爱的环境让孩子学习,包容他们的原本的样子,而不是像木匠或者陶匠一样去雕琢和预先设定孩子应该变成的固定的样子。好父母会把孩子打造成强健、具有高适应性和韧性的新一代人,以更好地应对未来将要面临的不可避免、不可预测的变化。木匠型的父母会害怕变化,园丁型的父母方能让孩子拥有这样的弹性。

童言童语

爸爸需要住院,儿子关心地问爸爸怎么了?
爸爸说:"我需要动手术。"
三岁的儿子好奇地问:
"手术?手术的'手'是左手还是右手呢?"

作为父母,我深信上天给每个人的礼物是不一样的。我的两个儿子,年龄相差不大,但是性格迥异:一个安静,一个内敛;一个喜欢思维缜密的科学,一个喜欢天马行空的艺术;一个身体机能活跃,运动细胞发达,一个身体稍微瘦弱,对运动没有什么兴趣。就是两个孩子,作为父母,我们都得不停地调整自己跟他们互动的方式和评价他们的方式。有时候我在想,一个班级那么多学生,老师如何应对各种不同性格的孩子?

我作为一个教育工作者,有幸参观了很多课堂,自己也教了很多学生。我能感受学校统一教学和培养目标的重要性,我也能看到学校用一把尺子衡量所有孩子所造成的不公平的现状。有时候,我真的希望学校衡量孩子,不是以单一的考试分数的高低、在学校是否听老师话来决定,而是以每个学生在多元智能发展所表现出来的优点来衡量,学习和成长其实是自己跟自己赛跑的过程。

真正有意义的科学育儿在于开发人的潜能,发展人的个性,实现人的价值。我的导师曾经说过:"一棵树苗,有的教育要把它培育成一个盆景,而有的教育只管浇水施肥。长成什么样由它。一块石头,有的教育一定把

(我陪八岁的小儿子子涵参加"摇滚"费城的九公里比赛。一直跟在儿子身后,鼓励他、支持他,直到他顺利完赛。)

它磨平,让它跟其他石头一模一样,而有的教育只管磨掉最尖锐的角,像什么就是什么。"一个孩子,如果在教育方法下,只有一条路,那就是考得比别人好,就会被磨平很多棱角,很难自由生长。多一些对多样化和对个性化的认同,不同的孩子,即使学习成绩不一定拔尖,如果有其他的才能和天赋,或者爱好,同样能在同龄人当中寻找到自己的定位,找到属于自己的成功。

每个孩子都应该拥有专属的个性化教育模式。家长通常是最了解自己孩子的人,应该根据孩子的天性和品性顺势而为,选择适合孩子自身的教养方式。因为每个孩子都是特殊的个体和存在,所以做家长的,不应该对自己的孩子套用千篇一律的教养方式。这个过程,需要家长的良好修为、耐心、不断地学习和纠错。

在家庭教育当中,我们也尽可能尊重两个孩子是两个完全不同的个体,我们两夫妻也是两个完全不同的个体。我们的目标不是把大家都变成一样的想法,而是聚焦于如何因势利导,让每个人都能找到自己在家里、在社会上的位置。

程毅的马拉松跑友兼教练陈先生,不仅自己事业成功家庭幸福,还成功培养出了三位优秀的名校儿女。我们向他讨教育儿经,他分享了他的育儿秘诀,字字珠玑:多陪伴少教训,多鼓励少批评,多付出少计较,做孩子们的啦啦队,偶尔上场做一下"教练"或者"领队",尊重孩子的选择,培养好性格。在我们看来,这就是最好的家庭教育。

童言童语

奶奶：你不听话，长大会吃苦头的！

中文不怎么溜的儿子反驳奶奶：我才不喜欢吃骨头呢！

第三章 推得动队友

晚上回家，我们看到餐桌上摆着一个粉红色的信封。我先生很好奇地拿起打开，才发现是儿子一个女同学的生日邀请函。我赶紧脚底抹油、溜之大吉，边走边喊："上次是我带的，这次轮到你带孩子去参加生日聚会哦！"程毅一拍脑门，只得叹口气勉强应承下来。

生日聚会回来，他一脸愁苦地望着我说："这次的生日是在一个舞厅举行的。来的全都是妈妈，大家跳了一晚上的舞。我一个爸爸，只得躬身入局，陪着儿子扭了一个晚上，真累！"我赶紧表示慰问和感激，但是一扭头差点笑出声："呵呵，让老公带娃，太爽了！"

在一次跟女伴们喝咖啡的时候，我分享这件事。大家都凑过来好奇地问："怎么才能收服老公这匹脱缰的野马，来一起带娃呢？"

如何让爸爸入伙带娃？

大爱无疆，父爱如山，一个好爸爸无疑是一个家庭最大的奢侈品。很多家庭研究都证明,父亲在孩子的道德规范上的作用是举足轻重的,甚至超过了妈妈的影响力。我们从小就听说"子不教,父之过"的古训。这里的"教",并不是教文化知识,而是对孩子品德和行为的规范。父亲的缺位会导致青少年很多的行为问题,比如成绩不好、逃学、打架斗殴、小偷小摸、情绪和精神问题、虐待和暴力倾向、抽烟喝酒、滥用毒品等。我们觉得,爸爸在为孩子树立模范标杆的方面,是无人能替代的。

如果妈妈们还在挣扎怎么放绳收服爸爸这匹脱缰的野马,下面几招可以试试。首先,在带娃路上,妈妈可以适时示弱。尽管妈妈们为了孩子,上天入地,无所不能,"女本柔弱,为母则刚"。但是,我们的建议是,妈妈们可以偶尔显得惶恐不安,不知所措,激发男人的保护欲。比如,我周末的时候经常性"头疼",需要静养一下。作为爸爸的程毅就没有办法,孩子的游泳课、钢琴课、足球课,都得带孩子去,完了还得带孩子去公园转转,让妈妈多

妇女能顶大半边天　　　　　　　　留小半边天给爸爸

休息一下。这个过程是循序渐进的,刚开始是一个月1—2次,后来一个月3—4次,这样爸爸不知不觉上钩了,知道了带孩子的艰辛,也体会到了幸福。慢慢地,孩子会习惯性地主动要求爸爸陪伴他们。到后来,我变本加厉地,大把的时间把孩子放心地交给爸爸,爸爸才恍然大悟,大呼上当。这时,爸爸在妈妈这个"领导"的悉心培养下,也开始独当一面,从理工文艺男成功转型理工科暖爸。

听到这里,一位朋友马上吐槽:"上班带娃做饭都是我,我家那位啥也指望不上,我得全包啊!"我嘿嘿一笑,其实有时候不是爸爸不愿参与,是妈妈都全包了,爸爸就觉得没有自己什么事了呀。

其次,妈妈应该多赞美爸爸的参与。在爸爸面前,妈妈不要"不吝赐教",应该改成"不吝赞美"。妈妈给爸爸的赞扬,特别是当着孩子的面,会让爸爸产生成就感和自豪感。比如:"爸爸跑步最厉害了!看你们什么时候可以跑过爸爸哦?""爸爸特别会游泳!""爸爸说笑话妈妈最爱听了。他今天有跟你们说什么好笑的笑话吗?""爸爸的声音又动听又有魅力,我们听爸爸读本书吧。"有次我出差回来,当着孩子的面,授予爸爸一个牌匾,上面写着:你是全世界最好的爸爸!爸爸喜滋滋地挂在厨房墙壁上,孩子们也为他鼓掌欢呼。

为了打通爸爸的任督二脉,提高先生做爸爸的使命感,我尝试了很多办法,坚持不懈地给爸爸"洗脑"。比如,把一本育儿书总结为一页纸,还画了红线,让爸爸3分钟就能搞定一本书的精华。在爸爸开长途车的出发之际,温柔地告诉他:"亲爱的,安全第一,来,听了这本不错的育儿书,保证你能集中注意力开车。"同时,每周两人约定半小时阅读讨论时间。精心收集

育儿案例,分析讨论。还有,最重要的是不断统一育儿观念,在大事上达成一致,让孩子看到坚强的统一战线,没有空子钻。

其实,爸爸们一般是愿意多陪孩子的,但是要么不知道怎么陪,要么的确没有时间陪,要么就是陪了还得挨骂,还不如脚底抹油,溜之大吉。所以,请妈妈们对孩子的耐心也给一点给爸爸们,不要放弃你的努力!

童言童语

老师问儿子:"你爸爸多少岁?"

儿子回答:"五岁。"

老师很惊讶:"什么?五岁?"

儿子振振有词地说:"我出生他才做爸爸的。我今年五岁,所以他也是五岁!"

火星爸爸和金星妈妈的对话

这时,另外一个朋友问:"在孩子管教问题上,我们夫妻俩总是统一不了意见,每次都会演变成一场家庭大战,你们是怎么办的呢?"

我想起在谈恋爱的时候,就给当时还是我男朋友的程毅买过一本书,心理学博士和情感问题专家约翰·格雷的著作《男人来自火星,女人来自金星》。我和他是一个性格外向,一个内向,一个感性,一个理性,经常看问题的观点不一致。曾经,我们觉得由于性格迥异,也许不适合彼此;但是结婚十二年,我们已经看透:世界上不可能有两个人观点完全一致;同时,夫妻由于家庭背景人生经历价值观人生观以及对孩子成长观念上的种种不同,不管双方是出于多么好的目的,难免在教育理念上产生分歧。

(父母双方意见不一致时,就会让孩子不知所措)

很多家庭,加上爷爷奶奶外婆外公参与隔代管理,由于每个人都有不一样的教育理念,更容易产生分歧。在大人们之间互相争吵、顾着争输赢的时候,有的孩子会认为自己是一切问题的根源,产生自卑;有的孩子会侥幸逃脱,父母忙着吵架,自己赶快躲开。总之,意见不一,会让所有的人都生活在紧张气氛之中。

我回答说:"迎来两个儿子以后,我们深感育儿任务艰巨。在一起研读几十本育儿书籍以后,我们决定共同制定七条家庭教育基本原则,贴在家里显眼的地方,时时记诵。现在孩子们上小学了,我们很少因为意见不统一发生家庭争吵。想想这七条原则功不可没啊!"

这样一下子激起了所有人的好奇心,大家纷纷问道:"啊?是什么七条原则呢?"

如果您也好奇的话,这是我们夫妻之间的约定:

第一,夫妻之间必须学会经营感情和婚姻的质量,保持爱情新鲜感。

是不是很奇怪,谈育儿第一条谈的却是夫妻自己?很多爸妈像我们一样,自从孩子出生以后,手机里再也容不下两人以前甜蜜的自拍照了,取而代之的是满满的孩子照片。偶尔别人问问我:"你先生长什么样?有照片吗?"我匆匆翻看手机中几百张照片,却奇怪没有一张是自己和先生的合影,只能尴尬地笑笑:"呵呵,我老二跟先生长得很像。要不要看看我老二的照片?"

生存的压力和带孩子的琐碎,很容易让夫妻忽略了关爱彼此,感觉爱情的浪漫只属于结婚前。我们有的朋友一定要想办法定期找人看孩子,两夫妻出去单独约会,重温甜蜜的两人世界。这样不仅有利于调节夫妻关系,也有利于为孩子树立榜样,成人后的他们也会知道怎么保持生活的平衡,经营好自己的爱情、婚姻和家庭。我们家对面的夫妻每周五晚上都请一个保姆看孩子,自己两人打扮得花枝招展地去甜蜜蜜了。有一次,我们效仿对面邻居,也请来一个大学生看孩子,两人自己出去约会。结果出门转了半个小时,却不知道应该去哪里才好,最后又转回家门口,在离家不远的地方找了一个酒吧,心想万一孩子有个什么事,还可以马上赶回去。点酒的时候,我尴尬地发现自己忘记带驾照了。在美国,法定喝酒的年龄是21岁。尽管30多岁了,我却无法证明已到法定的喝酒年龄,最后只能无奈地点了一杯果汁。一个小时的聊天里,我们相互约定:不可以提孩子,只能谈我们俩!于是乎我们回忆了相处这么多年来最难忘的事情。这次"约会"增进了我们俩的感情。后来我们约定期出来,享受两人世界。毕竟孩子毕业以后远走高飞,咱俩老还是要相扶相伴的。好好珍惜眼前人!

童言童语

儿子:妈妈,长大了我要跟你结婚。

妈妈:好啊,那要等你长到多少岁呢?

儿子:15岁!(想了想)20岁吧。

妈妈:可是妈妈已经跟爸爸结婚了。爸爸怎么办呢?

儿子:他可以跟他自己的妈妈结婚啊!

现在流行一个观念：最好的家庭教育，就是爸爸爱妈妈。一个情绪稳定的妈妈，和不缺位的爸爸，是和谐家庭的标配。一个父母恩爱的家庭，无疑会给孩子提供一个良好的成长环境，特别是在心理健康、社会认同感和世界观人生观的形成等方面。不论是孩子的性格的形成、人格的培养，还是价值观人生观的建立，都离不开父母双方营造的良好的家庭氛围。

北京四中的校长曾经说过这样一段话："家庭教育决定孩子的一生，千万不要认为上名校才是决定一生；夫妻关系永远第一重要，千万不要把孩子放在第一位，凡是把孩子放在第一位的，等待这个家庭的多半是悲剧；永远要保持沟通，家长的言行会影响孩子的一生。"

第二，承认自己知道的远远不够，带娃路上，唯有不断学习。

孩子小的时候，每过一个月我们都有惊喜的发现：哇，会满地爬了！看，会牙牙学语了！啊？他什么时候自己会用遥控器开电视了？仿佛，我们永远是跟在孩子身后，在追赶他们的脚步。虽然，在这个过程中，我们也

(结婚十周年庆祝，我们感慨：带娃就是要个好队友！)

在学新的东西,但是成长的速度远远赶不上他们的成长节奏。于是,就这样被拖着往前走,尽可能去应对那么多自己不太明白的孩子的变化。

父母是孩子的第一老师,也是最重要的老师。孩子平均在家里的时间比在学校的时间多。父母的言传身教比学校教育要影响更加深远。从小到大我们都知道学习的重要性,拿文凭要通过学习完成学位考试,工作上岗要通过训练完成认证资格证的考证,开车要通过笔试和路考获得驾照,出国留学需要经过检验英文水平的标准化考试。回想我们为人父母,有没有一所学校专门教给你如何做父母呢?要不要通过一个测验或者凭证书上岗呢?没有。没有人告诉我们怎么做一个称职的爸爸妈妈,也没有一所专门的学校或者培训机构教你如何哺育儿女。面对儿子们天真的面容,我们常扪心自问:"我们怎样才可以做一个更好的爸妈?"

遇到问题,我们喜欢深入研究探讨,查资料、找专家,尽可能地找到科学的途径。在这个过程里,我们自己也在不断成长和进步。为人父母,真是一辈子一边实践一边学习的过程。我们经常教导孩子"要听话",但是确定我们的话都是对的吗?不学习提高,又如何当好孩子各个阶段的老师呢?

第三,身体健康第一,家人合理饮食和锻炼习惯必须养成。

我们常常会遇到这样的青少年,爸爸妈妈经常追在身后,提醒他们要作息时规律、勤加锻炼。其实,我们的感觉是,孩子到了青少年期间,受父母影响已经越来越小,这种好心的提醒常常是耳边风。

所以,在孩子刚刚懂事的时候,还容易被爸妈"洗脑"的时候,我们尽可能灌输一些健康观念,期望种下的小种子,在未来某个时间段,能让他们在

第三章 / 推得动队友

(买不到合适的高度的踩脚凳,程毅从零开始学习木工,
自己给孩子打造专属的凳子;看来不会做木工的科学家不是好爸爸。)

(万圣节之后,儿子们在清点获得的糖果礼品)

面对诱惑的时候,能自己做正确的决定。

孩子很小的时候,我们会陪他们玩食物分类的游戏——什么是身体讨厌的垃圾食品?什么是让身体喜欢的健康食品?从小卡片游戏到餐桌上的食物分类,孩子们知道要吃什么对身体是有利的,哪些食品要远离。看

039

到万圣节晚上,儿子们拿着讨来的几公斤糖,每人只挑了一颗吃,剩下的全部交给妈妈"保管",他们一点儿也不恼,我们心里暗暗窃喜,"洗脑"成功!爷爷奶奶偶尔来访,饭前想给小孙子们拿点零食,我们一起指墙上的《家庭教育十原则》,大声念着第三条:"身体健康最重要。"爷爷听后也只能摸摸小孙子的脑袋说:"呵呵,还是吃完饭以后再吃吧。"

> **童言童语**
>
> 妈妈一直教育孩子糖果吃多了会肚子疼,有一天,妈妈把买来的糖果都藏起来,骗孩子说自己把糖果都吃了。孩子很淡定地用妈妈的口吻问:"那你怎么没有肚子疼呢?"

锻炼身体参加体育运动,练就强健体魄要从小教起。我们家的地下室已经几乎被改造成健身房:吊环,拳击手套,沙袋,马尼拉爬绳直接挂在地下室顶端的横梁上;跳绳,哑铃,足球,排球,网球,乒乓球,自行车,滑雪板等装备也是一应俱全;这个和平时运动健身意识比较强的爸爸也有密切的关系。在爸爸的带领下,两个小家伙经常比赛着做俯卧撑,仰卧起坐,要不就是在公园里骑车,踢球,打球,跑步,每天基本保证半小时的出汗时间。

第四,在孩子16岁以前,尽可能自己带娃,着重孩子人格的发展。

很多心理学家都觉得影响孩子人格的内核是养育孩子的那个人,所以

通常来说是爸妈。有些爸妈在带娃的时候,正好是事业上升期,只能让老人帮忙带孩子,有的时候孩子6岁时再接回来,觉得这样上小学以后,可以好好教育小孩。其实,从心理学角度讲,这样是不明智的,因为6岁已经晚了,很多基本的心理定势都在6岁前成型了,以后再想改变会很费力。所谓赢在起跑线上,我们的理解是让孩子一出生就生活在一个安宁温暖的环境里,给孩子的大脑充分的良性刺激从而促进神经元网络的交联和发育。而孩子基本上在16岁的时候,脑发育已经成熟,性格,人格,兴趣,喜好等就已经全部定型了,再往后随着年纪的增长这些指标变化的幅度是很小的,所以从婴幼儿到青少年这个阶段的养育环境很重要。

知识和技能孩子可以终生不断学习提高,但是优秀的人格和品质的培养是更重要的,是能让他们获取幸福和成功的真正金钥匙。虽然在青春期同龄人对孩子影响很大,但在孩子心里始终有一个在默默地发挥影响的东西,那就是他的家庭和父母。如果父母与孩子有比较好的关系,孩子即使结交了坏朋友,他们被劝说要尝试不健康的事物时,孩子很可能有拒绝的能力。与父母有良好交流、彼此信任的孩子,内心会有一种抵御力。同样,如果未能居住在比较好的社区,无法营造特别好的社会环境,孩子要抵抗外界不良影响,也需要家庭和父母更坚固的支持。

第五,每一次谈话从赞美和感恩开始,以赞美和感恩结束。

家人之间,天天交谈,难免有不同意见。我们有个约定:在五句话的交流里,至少要有三句必须是感恩和赞美。这是为了增进彼此的情感,也是为了给孩子树立榜样。这个谈话模式叫"汉堡包",一种建设性批评的方法:以赞美和感恩开始,以赞美和感恩结束,中间客观表达彼此的观点和情绪。

比如,爸爸想要指出妈妈烧的菜太咸了,他可以这样说:"亲爱的太太,谢谢你一下班就给我们煮晚饭,我们知道你挺辛苦的。但是今天的小菜放咸了,下次要么请你少放点盐?其它的几个菜还是很好吃的。赞一个!"他这样说话不会让妈妈反感和生气。久而久之,我们家常听到的三个字是:辛苦了!现代生活节奏比较快,我们容易忽略对方的付出,觉得理所应当。认可对方的付出通过简单的一句"辛苦了",而不是一出口就是抱怨,再有怨气也吵不起来。

(我们家的"感恩瓶",每一个硬币代表我们对家人的一个"谢谢")

我们觉得,不论孩子年龄大小,都是家庭重要的一员。父母从小就让孩子在家庭中做一些力所能及的家务,并且称赞他们履行了作为家庭一员的责任。孩子从小就被鼓励参加力所能及的家务事,每次参与,不论做得好坏,都会得到一句真诚的"谢谢"。他们每帮助我们一次,我们会存一个硬币在他们的存钱罐里。我们的约定是,等他们上大学的时候,爸爸妈妈要数一数,一共会有多少硬币。这样也就代表他们为家里付出了多少努力。每个硬币都是一个感恩!

第六,保护孩子健康的好奇心和求知欲,认真对待孩子的每一个"为什么"。

寻找答案的过程往往比答案本身更加有意义。三岁开始,当孩子的语言表达变得更流畅,思维更活跃的时候,孩子总是追着问"为什么"。不管孩子能否听懂我们的解释,我们总是尽可能地解答他们的所有提问。比如儿子两岁多的时候问过爸爸:"为什么我穿袜子的时候,很难爬上滑滑梯,而不穿袜子的时候很容易爬?"爸爸详细地给孩子解释了什么是摩擦力。但是觉得两岁多的孩子,能听懂吗?这其实一点都不重要,孩子觉得爸爸很重视他的提问,以后提的问题更多了,对世界的好奇心不断在增长。

现在孩子开始上学了,提的问题已经开始超越我们的解答能力。于是不知道的,我们就诚实地告诉孩子:"对不起!妈妈也不知道。但

是让我们一起寻找答案吧!"我们教孩子使用网络工具寻找答案,然后请他们把知道的答案告诉我们。现在孩子已经很少来问我们问题了,用上了谷歌的语音搜索功能,他们能自己找到想知道的答案。比如"世界上最高的人是谁?""跑得最快的动物是什么?""磁铁为什么会相互吸引和排斥?""谁发明的 iPhone?""纽约在哪里?"所有能想到的问题他们都能自己去找答案,然后解释给我们听。我们一边感谢他们分享知识,一边崇拜他们:"哇!你们知道那么多啊!"看得出,小伙子们很受用。

第七,教孩子学会为自己的事情做决定,引导孩子为自己的行为负责。

只要是与孩子有关的事情,我们尽量让孩子来做决定。爸爸每次都跟孩子说:"你有知情权,所以我要把我知道的真相告诉你。但是你可以最后自己来拿主意。"比如刚开始教孩子口腔保健,按照牙医建议,除了强调每天早晚刷牙(刷牙时间持续 2 分钟),我们还要求孩子用牙线(每个牙缝里都要清除残渣)和漱口水(30 秒)。刚开始他们俩都嫌麻烦,总想快快结束。于是,我们就带他们看相关的口腔保健的录像,明白牙线和漱口水的作用。爸爸还带他们参观牙线制作工厂,带他们在显微镜下观察口腔细菌。我们也现身说法,把自己的虫牙给他们看,也看了网上一些虫牙的照片。最后,我们开个家庭会议,我们告诉孩子,该知道的信息你们知道了,牙齿是你们自己身体的一部分,你们自己决定应该怎么办吧。孩子们这时候已经很清楚什么是对的了。从此以后,每天非常自觉地完成整个流程,还常常提醒妈妈:"妈妈,请帮我用牙线好吗?里面的牙齿缝缝我够不着。"

第三章 / 推得动队友

童言童语

妈妈跟爸爸说话:"老公……"

儿子插话:"妈妈,什么是老公?"

妈妈说:"老公是很重要的人,是妈妈很爱的人。"

儿子忙说:"那我做你的老公吧!"

| 思考工具 |

火星和金星的对话

孩子身边的大人对孩子的成长一定有不同的目标和想法。

爸爸妈妈在同一战线,会让孩子更加容易找到安全感。

爸爸妈妈可以把自己的教育观念列下来,看看彼此有哪些不同和相同的想法。

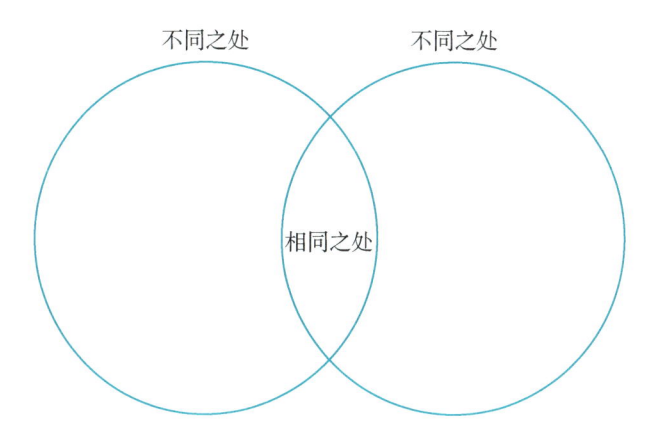

不同之处　　　　不同之处

相同之处

| 思考工具 |

夫妻齐心，其利断金

这是我们夫妻俩的七条约定：

第一，夫妻之间必须学会经营感情和婚姻的质量，保持爱情新鲜感。

第二，我们承认自己知道的远远不够，带娃路上，唯有不断学习。

第三，身体健康第一，家人合理饮食和锻炼习惯必须养成。

第四，在孩子16岁以前，尽可能自己带娃，着重孩子人格的发展。

第五，每一次谈话从赞美和感恩开始，以赞美和感恩结束。

第六，保护孩子健康的好奇心和求知欲，认真对待孩子的每一个为什么。

爸妈统一育儿意见

第七，教孩子学会为自己的事情做决定，引导孩子为自己的行为负责。

中间有哪三条约定，您觉得对自己家庭也很重要呢？

_____

_____

_____

_____

_____

家庭的 GPS 导航仪

"看来夫妻之间还是要多沟通,很多时候没有对错,只要彼此有一定的默契,在孩子面前统一观念,就是最好的,对吗?"一个朋友问。

"是的。可是光是心灵默契可不够,还得有一个法宝。"我答道。

"什么法宝?"朋友赶忙追问。

我说:"我们家有一块宣言牌匾板。这个挂在厨房餐桌旁边的牌匾,里面没有名人名言,都是一些朴实无华的平常语句,但是也恰恰是这块不起眼的小小的木头牌匾,一次又一次成为了我们家庭教育的执行准则,帮助我们多次解决家庭纠纷和矛盾,以及塑造孩子的处事为人的正确态度。"我们称这个法宝为家里的 GPS。

"什么? GPS? 就是开车的那个 Global Positioning System,全球定位系统?"

"对啊!"

"那具体是指的什么呢?"

"这样吧,我给大家讲几个故事。"

故事一

我们家的弟弟事事要看齐哥哥,从食物、玩具、娱乐、体育活动,一个都不能少。我们做家长的,只能尽量做到公平公正。但是因为弟弟小两岁,又在四肢协调的发育阶段,在体育运动上就往往赶不上哥哥。

一天放学以后,兄弟俩和爸爸一起踢足球,弟弟一直落后,在落后10分以后终于发飙,躺在草地上尖叫打滚,哭喊着说:"我做什么都不行,我跑得没有哥哥快,踢球的力量没有哥哥大,方向也踢不准。我恨足球,我再也不想踢足球了。"

爸爸见状跟哥哥说:"你先自己玩一会儿,我需要和弟弟谈一谈。"爸爸把弟弟从草地上抱起来,问他:"还记得家庭宣言上第7行和第11行写的什么吗?"弟弟摇摇头,继续抽泣着。爸爸接着说:"我知道踢足球对于你来说还是挺有挑战性的,我觉得你表现得很棒,特别是在你这个小小的年纪。爸爸听说过一句话,现在把这句话送给你'我喜欢挑战自己,我永不放弃,我为你的艰苦努力鼓掌欢呼!'"爸爸接着说,"凡事只要你尽力了,不论结果如何,你在爸爸心目中都是最棒的!"后来等他平静下来了,爸爸单独陪弟弟踢了一会儿球,这件事就过去了。

两个星期后,我告诉先生,弟弟在课后活动的足球训练班上获得了本周足球队长的"小荣誉"。哥哥有点嫉妒地说,那是因为那节课上只有他射门得分了吧?我说:"不光是得分的缘故,足球教练告诉我们,这个荣誉是授予那些在足球训练中不论是抢球,奔跑,都特别认真给力的学生,要知道,弟弟参加的这个足球训练班上还有不少高年纪的小学生呢。得奖是因为他很认真,凡事尽力争取的精神。"我们笑了笑:"看来这个家庭宣言还挺有作用呢!"

没错,家庭格言牌匾的第7行和第11行写着:**我们永不放弃;我们重视辛勤的付出。**

故事二

像很多男孩子一样,玩乐高也是兄弟俩最喜欢的活动之一。通常家里最安静的时候就是他们在读书和堆乐高的时候。两个人虽然各自有各自的玩具,但是一起玩难免磕磕碰碰。有一天傍晚,突然看到哥哥追着弟弟打,我们赶忙上前制止,问他们怎么回事?哥哥带着哭腔说:"弟弟把我刚刚堆好的忍者斗恶龙模型弄坏了,我花了好长时间才堆好的。"弟弟解释说:"哥哥不让我碰他的乐高,我只好偷偷玩了一下,谁知道不小心弄坏了。"我们说:"好吧,弟弟没有经过哥哥同意动了乐高,是弟弟不对。你需要向哥哥道歉。"弟弟说:"对不起!"哥哥一副不依不饶的样子。

我们于是问哥哥:"咱们家庭格言第 3 行和第 5 行说的什么?"哥哥跑到厨房去看了以后回来告诉我们:"We do second chance and we forgive(我们给彼此第二次机会,彼此原谅)。"

我说:"没有一个人一辈子从不犯错,当你的家人犯错的时候,如果他道歉了,我们应该怎么做呢?"弟弟赶紧说:"对不起,我不是故意的,我可以帮你修你的乐高。"哥哥说:"没关系,我上次也把你的机器人乐高给弄坏了,你也原谅了我。"我们说:"那你们接着玩吧,记得遵守家庭宣言上的准则哦!"

家庭格言牌匾的第 3 行和第 5 行写着:**我们给(对方)第二次机会;我们原谅彼此。**

故事三

我们到现在都还对哥哥第一次骑自行车记忆犹新。当时爸爸把后轮两边的辅助轮取下来了,对孩子说,你长大了,不再需要辅助车轮了,是时候试试真正的自行车了。

因为习惯了辅助轮带来的支撑和平衡感,刚开始即使在爸爸的帮助下,哥哥也免不了左右摇摆甚至摔跤,他在尝试了好几次没有成功以后,开始进入极端的生气状态。他开始用尽全力地把车子推倒,然后狠狠地跺脚和踢车子,车子很快从路边的高地滚到了坡下。

爸爸本来想上前制止甚至责怪,心想你怎么这样不爱惜自行车呢?后来他想到了家庭宣言,努力忍住不悦,等他稍微安静一些后,才靠近儿子说:"你一定很生气,才这样做。爸爸觉得你可以做到的,要不再试试?这次我保证会在后面多扶你一会儿。"

过了一会,爸爸到坡下把自行车取了回来,把车子摆正,然后轻轻拍拍坐垫示意儿子过来。儿子很不情愿地过来继续尝试。爸爸弯着腰,一溜小跑,跟着他左摇右晃,关键时候还得稳住后座,这样车子不会往一边倒下。

玩了一会,爸爸高兴地拍拍儿子的头,说:"真棒,儿子!"

晚上洗完澡要睡觉的时候,爸爸给儿子们一个晚安的吻,正准备转身离开的时候,哥哥突然对爸爸说:"爸爸,谢谢你!"他看出了爸爸当时在快要抓狂的边缘,但是爸爸的宽容和耐心,换回他的一个赞。爸爸说:"因为爸爸想到了家庭格言牌匾上的第9行和第13行:**我们鼓励对方;我们期待美好的结果。**"

这是我们的家庭宣言,帮助我们更好地教导孩子家庭和爱的概念,做人的品格,与人相处的道理,更重要的也是督促我们父母做合格的榜样。

IN OUR FAMILY	
WE DO SECOND CHANCES	在我们的家庭里
We apologize	我们给第二次机会
we forgive	我们道歉
we respect each other	我们原谅
We never give up	我们彼此尊重
WE KEEP OUR PROMISES	我们永不放弃
we encourage one another	我们信守承诺
WE LAUGH OFTEN	我们鼓励对方
WE VALUE HARD WORK	我们经常欢笑
we listen to each other	我们重视辛勤的付出
WE EXPECT GREAT THINGS	我们彼此倾听
WE'RE IN THIS TOGETHER	我们期待美好的结果
	我们同舟共济

设立家庭宣言，我们最早的灵感来自斯蒂芬·科维著的书《高效人士的七个习惯》。他倡导的七个习惯是：积极主动、以终为始、要事第一、双赢思维、知彼解己、集思广益和自我更新。尽管这些观念是公司的管理者用得比较多，但是他的7个习惯也用于家庭和婚姻经营当中，在他的两本书《与幸福有约——美满家庭7习惯》《美满婚姻7习惯》中都有详细记录。家庭宣言是家庭的GPS，让家人团结一心。等家庭宣言定稿以后，写下来挂在家里的一个明显的地方。这样，对所有人有一个不断的提醒：我们最在乎什么，以及一起努力的方向是什么。

| 思考工具 |

家庭宣言

回答这些问题，可以帮您撰写家庭宣言：

- 爸爸妈妈婚姻的目的是什么？
- 我们应该如何对待彼此？
- 我们如何解决分歧？
- 我们如何相互支持？
- 我们想要传递什么最重要的价值观给下一代？
- 我们每个人在家庭中起到的作用是什么？
- 我们可以如何给彼此提意见和建议？
- 我们怎么可以让家变得更舒服？
- 我们希望别人怎么评价我们家庭？
- 我们每个家庭成员的独特才能是什么？
- 我们每个家庭成员有什么责任？
- 我们希望家人遵循哪些原则？

我们的家庭宣言是：

爸爸带娃的自带福利

面对爸爸天生带娃少根筋的本性,妈妈只能要求带娃AA股份制,强迫爸爸入伙带娃。爸爸虽然不高兴,因为带娃让他牺牲了自己的自由和时间,但是渐渐地,爸爸能从中得到快乐和惊喜。

以下是程毅博士配图分享的爸爸带娃的十大福利,送给爸爸们!欢迎爸爸们入伙带娃事业!

福利一:

爸爸的个人健康状况会有所改善。研究表明,"父亲+孩子"的这种家庭构成有助于父亲做出更好的生活选择。拥有一个家庭表示着爸爸必须每天回家,并更多担负家庭的责任,能帮助父亲选择更健康的生活方式。比如,有家庭责任感的爸爸们会选择少喝酒、早回家、早睡觉。

福利二:

爸爸的运动量增加。半夜起床换尿布,和孩子一起玩耍,去游泳池玩水,去公园踢足球等等。所有这些活动使爸爸更加活跃,从而也自我感觉更好。

福利三:

抑郁

抓狂

释然

很少患与压力相关的疾病。心理健康研究所发现,有健康家庭生活的爸爸不太可能患有与压力相关的疾病,诸如慢性疼痛、失眠、胃痛等问题。在稳定家庭中生活的爸爸们,比其他男性人群中的健康问题更少。

福利四:

爸爸的交往能力和爱心得到增强。一旦成为父亲,男人一般会变得更加外向。比如,带娃出去玩的时候,很快就会跟公园里的其他阿姨和妈妈交流带娃经验。同时,爸爸在带娃的时候会培养出更强的照顾他人的能力。受益的不仅仅是孩子,还有周边所有的人。让一个"巨婴"长大的最好办法,是让他们有机会照顾别人。

福利五:

爸爸罹患抑郁症的风险降低。独自生活的男性比已婚男子有较高的抑郁和自杀的风险。我觉得如果爸爸们能承受孩子对他们的各种"虐凌",心理一定强大到了一定程度,人生观也会豁达许多。

福利六:

工作满意度提高。这个听上去可能有点不可思议——什么?做爸爸以后更爱上班了?研究表明,尽职尽责的父亲在职业上的成就感会更强。我们的分析是:爸爸可能因为是在家太受虐了,到了单位反而觉得自由了许多,工作起来反而更开心了。

压力山大　　　举重若轻

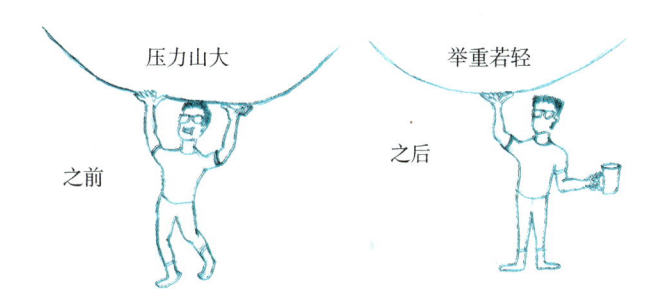

之前　　　之后

福利七：

处理多任务的能力增强。作为爸爸的男人往往在生活的各个方面都有更好的应对能力。当你习惯了一边煮饭烧菜，一边看护孩子，或者一边给老大辅导作业，一边给老二洗澡的诸多"多任务模式"，你会发现很多困难都不叫个事儿。

福利八：

孩子的学习成绩会更好。早教机构的研究发现，负责任的父亲带出来的孩子能更快更好地学习各种生活技能。也有研究表明，有个顾家顾孩子的爸爸，孩子成绩要好很多。

福利九：

爸爸回归家庭，才有更加美满的夫妻生活。如果夫妻之间懂得相互体谅、感恩，也懂得在有娃之后还刻意制造浪漫的话，夫妻生活可以比结婚前还要幸福。

福利十：

爸爸会有更加安全稳定的生活。研究表明，尽责的父亲不太可能遇到刑事司法纠纷、意外死亡，甚至过早死亡的几率也会减小，滥用药物的风险也会降低。毕竟有家有口的，爸爸们会更珍惜日子、热爱生活。

看完爸爸带娃的十条福利，爸爸们是不是更愿意回归家庭了呢？

第四章

装得了糊涂

只说 YES 的妈妈

俗话说,无规矩不成方圆,我们也常说国有国法,家有家规。

先给大家说一个有关分粥的故事吧。曾经有七个人一起居住,他们每天都要面对同一个问题:怎样将一锅粥平均分配。他们尝试通过制度来解决这个问题,想出了以下方法:大家选举一个品德高尚的人负责分粥。开始时,这个德高望重的人还能公平地分粥,但没多久,他却开始为自己及拍他马屁的人徇私。大家于是要求换人,但换来换去,负责分粥的人碗里的粥仍是最多。没办法,只好采取了另一个方法:大家轮流分粥,一星期每人负责一天。但他们马上就发现,每人在一星期中都只有负责分粥那一天才吃得饱,其余六天都要挨饿。于是大家对新方法仍然不满意。最后,大家想出了一个方法:七人轮流值日分粥,每人一天,但这次分粥者要最后才可领粥。令人惊异的是,在这制度下,无论谁来分粥,七个碗里的粥都一样多！因为分粥者明白，如果七碗粥并非一样大，他无疑只能领到最小的一碗，因为他要最迟领粥。

同样是七个人，不同的分配制度，就会有不同的风气。分粥的故事告诉我们规定的重要性。但有了规定，要是不能严格地执行也不妙，规定也起不到应有的效果。只有令出必行，才能收到应有的效果。

平日，我们跟孩子们斗争最多的就是规则的实施了。因为我们笃信，家长的边界感越强，孩子就越能建立起稳定的内心世界。有约束的自由才是在可控状态下的最大自由。对孩子的行为限制会让孩子的内心世界井然有序，不会再需求得不到满足或者过分满足时处于失控的状态。但是，在现实之中，跟孩子说 NO 引发的却是一波接一波的小战争。

我偶尔看到一篇文章，说的是一个四个孩子的妈妈，在孩子们联合来抗议妈妈对他们的要求说太多了"NO"的时候，决定试一试一周时间，只说"YES"。中间可以想见的各种情况，面对孩子各种要求，妈妈克制说"NO"的冲动，咬牙坚持实验的进行。结果，一周过去，她说："天也没有塌下来嘛！"末了，妈妈总结说，中间其实意想不到的是，和孩子在一起做了些平常她一般不允许的事情，反而多了一些平常没有的快乐。当然最后，当妈妈说 NO，要他们不要再玩游戏了，要求孩子早睡的时候，大家反而松了口气。

读完文章，我也决定跟两个孩子试一试。有一次，我们刚过了一个极其紧张的周末。周六晚上，两个儿子挤到我们的床上横躺竖躺，我只能跑到子涵的床上，勉强睡一睡。

不到五点，子曰大叫一声："妈妈！妈妈！"显然，他起来尿尿，发现我不在床上后十分生气！我睡眼蒙眬，敷衍地安慰了两句，结果反而激怒了他，开始大吵大闹,坚决不再睡觉了。就这样折腾到了六点。然后他要求放水,洗泡泡浴。我真是气不打一处来——这个小子,周末早上,太不消停了!我大声地说着:"NO! NO!! NO!!!"正式开战! 一上午,我们为了早饭吃什么,要不要练钢琴,可不可以看会动画片,一直都在争吵。因为睡眠不足,大家的态度都很糟糕,没有耐心,一件件小事,都让我们处于张弩拔剑的状态。

晚上,在换睡衣、刷牙、关灯的一系列的斗争之后,我斜斜地躺在他俩旁边,懒懒地翻看着手机里的信息。哎呀,这星期天也过得太累了吧!看到文章之后,我昏昏沉沉的脑袋突然灵感顿发——既然说 NO 这么辛苦,何不也来试一试一切都说 YES 的生活。

跟子曰一说,听说我只跟他说 YES,他兴奋地直拍手,马上跳起来给了我一个大大的拥抱。看吧,还才开始,就已经让母子关系从冰点到了沸点!子涵完全不知道我们在说什么,也跟着拍手起哄:"YEAH!"文章里妈妈是悄悄进行试验,没敢跟孩子说。她担心如果说了,他们不闹上天才奇怪呢。毕竟四个孩子,能理解。我呢,既然准备试验,就敞开来吧,看你们俩小子能闹到什么地步?

星期一早上六点半,子曰起床以后照例要洗个澡。奇怪的是,他没有要求洗泡泡浴,而是主动去了淋浴那里。洗到一半,他大喊:"妈妈,过来一下!"隔着淋浴的门,我问他:"宝贝,怎么啦?"他伸出湿淋淋的脑袋不放心地问:"你昨天说的是真的吗? 就是我说什么你都说 YES?"我认真地说:"对啊!"他露出掉了门牙的笑容,狡黠地问我:"那,我可以去麦当劳吃早餐吗?""嗯,好啊! 但是你自己决定哦,昨晚吃的麦当劳,今天早上又去会不会……"他低下头想了想,然后说:"好吧,今天不去。"说实话,我还真做好

第四章 / 装得了糊涂

在我想象中,我是这样"和孩子讲道理"的

听好啦,这个道理很重要……

实际生活中,真实效果是这样的……

&#%@^@!#)!!*#%#@

准备了,君子一言,驷马难追,如果他真的要去,也只能践行承诺。但是妈妈就是妈妈,道高一筹,运筹帷幄之间,他还是乖乖顺了大人的意。没有说NO哦。第一局,我暂时领先。

到了学校之后,小朋友赶紧冲到食堂吃早餐,子曰子涵最喜欢的就是麦片粥了,但是他们总是喜欢放很多的糖。像往常一样,看着他们一勺一勺地加着糖,我眼前仿佛出现了一张张让人滴血的牙医账单,赶紧阻止他们。子曰撇了妈妈一眼:"你不是说今天不说NO吗?"我只能假装很温柔地补充说:"对啊,妈妈不能说NO。我只是想请你们看我手机里的这张图片。"以迅雷不及掩耳之势,我迅速找到一张牙齿其烂无比的图片,晒在他们面前。此地无声胜有声,一张图片见奇效,以前不要吃太多糖的苦口婆心的教导仿佛灵验了,他们瘪瘪嘴,没有再继续加糖了。在他们吃早餐之际,我强调了一下,早餐之后要刷牙再去教室。但是悄悄地,子涵没有刷牙就溜走了。这个家伙！好吧，第二局，平局！

晚上回到家里，他们简直就像过年一样开心。太好了！练钢琴-不练又怎么着？锻炼一下-我就不！早点刷牙上床-我听不见，看你能拿我怎么样？我故作镇定地信守着承诺。行！给你们充分的自由！你想干嘛就干嘛！我带着虚伪的微笑，纵容着他们的逆反，拳头却捏得紧紧的。这一局，他们赢了！冷冷地看着他们，没有表情，没有劝阻。过了一会，两个小家伙都过来抱怨自己生病了，问妈妈要不要给他们喂药，我很平静地说："你们自己照顾自己，自己做决定吧！"

读睡前故事的时候，我选了一本无字书，是关于一个小女孩坐神奇飞毯奇迹旅行的故事。我边看图片边说着故事。突然，子曰说："妈妈，我要是坐神奇地毯飞出去了，还是会回来找你的。"我假装不懂："为什么来找妈妈呢？没有妈妈管你多好啊！"子曰抱着我的脖子说："不对，妈妈管我代表关心我。你今天都不管我了，其实我心里很失落。"

躺在床上，子曰眼巴巴地看着我说："妈妈，要么，从星期三开始，你可以说 NO？"子涵探出头来，补充了一句："我觉得明天也可以说 10 个 NO。"这一刻，大家心里都暖暖的。

这是我的实验总结：

由于不能说 NO，所以必须更加耐心地陈述理由，然后让孩子自己做决定，他们好像更容易接受，极大地锻炼我巧舌如簧的能力。

我不说 NO，子曰反而有点不自在，所以想方设法得到关注，比如老说自己生病了，子涵也是不停地说自己病了，要我多看看他。

我不能说 NO 但是又觉得事情会失控的时候，只能求助爸爸的神威。

爸爸的一句 NO 在此时能镇住两个家伙。看来拉拢战友很重要！

这是我家的一个小小实验记录。尽管小小年纪，但是孩子还是知道的，说 NO 代表父母的在乎和关心。不说 NO 了，反而哪里有点不对的样子。其实他们还是希望有的事情爸妈要管管他们，不要太放纵。

生了个不省心的孩子？！

做一个好的父母，是所有人的心愿。如何做好，却不是一个简单的命题。就像苏格拉底说的："娶一个糟糕的妻子，你会成为哲学家。"我们觉得，养一个不省心的孩子，你会成为教育家。

为什么这么说呢？我们两个儿子虽然是有着同样的父母和家庭环境，也经历同样的教养方式，他们却很不相同。看到我们两个儿子的朋友都会说："大儿子像妈妈，小儿子像爸爸。"的确，小儿子乖巧懂事、很会说话，很容易得到大家的喜欢。我记得曾经剪发失败，发型特别难看，自己很懊恼。是小儿子搂着我的脖子轻声安慰，告诉我无论什么发型都很美，他都很爱妈妈。这种温存让我非常感动。但是大儿子，却是妥妥地继承了我的暴躁脾气和倔强性格。想想，两个倔强的人在一起总是会有闹不完的别扭的。多少个夜晚，我在祈祷、在反思，很希望自己能改变，也就是在这种不断的自我剖析和反省当中，一点点变得稍微宽容起来。

大儿子虽然不是乖乖娃，但是他是我们生命中宝贵的"酵母"。为什么这么说呢？每次看奶奶做面包、馒头、包子、油条，我们都惊叹于她精湛的手艺。但是老人家会笑笑说:"都是酵母的功劳。"要知道,酵母是制作这些美食的关键之处。揉好的面团,一放酵母,很快会产生二氧化碳和酒精,使面团膨胀成海绵状。接下来,无论是松软可口的面包,还是香喷喷的馒头,都靠酵母的神奇作用。

酵母会迫使毫无特色的面粉团发生变化和反应,大儿子的一言一行也会让波澜不惊的家庭生活充满能量。刚刚还开开心心在跟大家下棋的他,会因为输了一局,变得恶语相向,搅了大家的好心情。或者,本来在好好练琴,因为几个音符弹错,会开始砸琴。他是属虎的,所以用"伴君如伴虎"来形容,没有半点错。而这个"酵母"般的大儿子,硬生生把我们也逼成了半个心理学家和教育家。很多次,我在殚精竭虑之后,我们家爸爸上阵;然后在爸爸气急败坏的时候,我出来打圆场。然后,晚上看着孩子熟睡的脸庞,我们只能互相打气:"你已经尽力了!我们还算是不错的父母吧!"

"酵母"对美食的产生必不可少,来自孩子的挑战也是爸妈成长的"酵母"。我们感激孩子的特立独行和不听话,这样才促使我们不停地反思和改进,不断改变自己的语言、行为和态度。每个孩子都是独特的"酵母",他们的到来,让生活这团平淡无奇的面粉,变得充满各种神奇的可能性。

童言童语

妈妈催促儿子:"去冲个凉!"

儿子回答:"不去,我好冷的,我要冲暖!"

用你的眼睛看世界

北宋的苏轼有一首诗《题西林壁》：横看成岭侧成峰，远近高低各不同。不识庐山真面目，只缘身在此山中。庐山的真面目究竟是什么，我们竟看不清。为什么？只是因为我们本身就处在庐山之中。大多数时候，事情的真相到底是什么，我们的确很难一窥全貌的，也没有办法站在别人的立场看问题。

培养孩子同理心一直是我们关注的重点。同理心就是将自己置身于他人的地位，体验他人的情绪，辨别他人的想法与感受，与常说的设身处地、换位思考、将心比心有共通之处。

我常用的一个工具是"同理心地图"。在一个同理心地图中，通常包含如下内容：

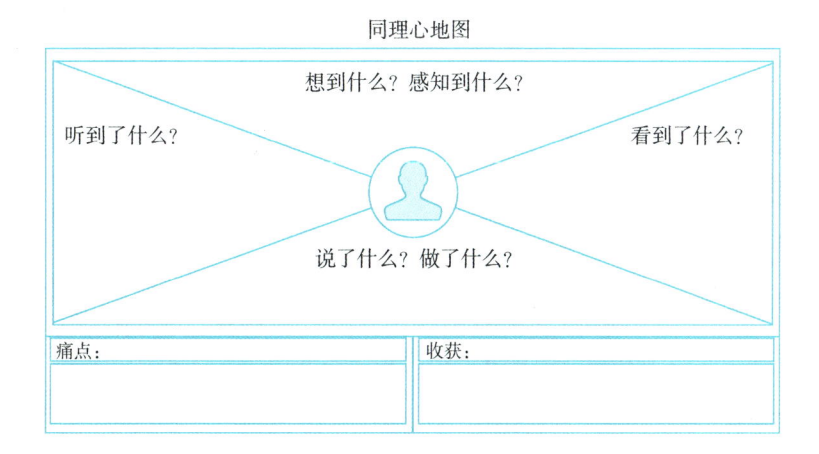

同理心地图

想到什么？感知到什么？	
听到了什么？	看到了什么？
说了什么？做了什么？	

痛点：	收获：

家是另一个学校

　　大儿子跟我是有点生性相"克"。外婆说也许是我属猴,儿子属虎的原因吧,虎和猴总是有些针锋相对。我说的话,他总是反驳;而他的感受,我也不一定都理解。所以,我们家常常做同理心地图,来解决一些纷争。

　　有一天,大儿子气呼呼的,因为他想买一套150美金的乐高,但是我不同意。他狡辩说:"我的生日就在下个星期,为什么不可以买呢?"我说:"生日礼物由父母决定,预算不超过100美金。"就这样,我们母子俩僵持不下,都觉得自己有道理。

　　于是,作为和事佬,爸爸拿出两张同理心地图,一张给我,一张给儿子,要妈妈从儿子的视角理解一下他;同时,儿子也从妈妈的角度来重新审视自己的要求。

妈妈(从儿子的角度看问题)

Think and feel 想——感受、希望或者担忧:

很生气,因为我的生日马上到了,我马上就十岁了,我有权利决定我要什么礼物。每年都是爸爸妈妈给我选礼物,为什么今年我不能自己选礼物?

See 看——看到了什么:

妈妈狰狞的面容,很严肃的表情。

Hear 听——听到了什么:

妈妈斩钉截铁地拒绝了我,冷冰冰的语气。

Say and do 说和做——对方怎么说和如何做:

"不可以,太贵了!"

说完以后就不理我了。我说话她也不再听。

Pain 痛点——不爽的方面：

妈妈完全不跟我商量,也不听我解释。

Gain 收获——希望得到什么：

我只是想选择自己的礼物而已。我希望妈妈让我自己选择。

儿子（从妈妈的角度看问题）

Think and feel 想——感受、希望或者担忧：

这孩子胃口越来越大了,一开口就要这么贵的礼物,可不能惯着他乱花钱的坏习惯！

See 看——看到了什么：

愿望得不到满足的孩子撅嘴顿足,乱扔东西。

Hear 听——听到了什么：

大喊大叫,甚至还有脏字。

Say and do 说和做——对方怎么说和如何做：

"妈妈,我不听你的！你不爱我！"

生气地不理妈妈了。

Pain 痛点——不爽的方面：

我担心孩子养成"特权心态",大手大脚花钱不动脑子。

Gain 收获——希望得到什么：

希望孩子能理解：生日不是他花钱买很贵玩具的机会。花钱是有预算的,不能盲目消费。

我和儿子做完分析以后，两人相互交换看了对方的分析表，指出来一些偏差之处，也更冷静地谈了各自的担忧和期望。最后，我们达成共识：他可以挑选自己的礼物，但是不可以超过100美金。借此机会，两个水火不容的人进行了深谈，更加走进了彼此的内心。

"同理心地图"使用的最好时机是出现分歧和意见的时候，大家都换位思考，从对方角度看问题，会有不一样的感受。试着从对方的角度来理解一下，说不定能很快化干戈为玉帛，毕竟大多数时候没有解不开的结。

同理心地图的另外一个模版是这样的：

同理心地图

| 要完成什么任务？回答什么问题？ |
| 感受、感想是什么？ | 影响行为的因素有哪些？ |
| 人物背景和性格 |

| 正在经历或者希望克服的痛点： | 试图实现的最终目标： |

这张图是儿子在课堂上跟老师学的。

大儿子小学三年级的时候，老师在社会科学课上给大家介绍世界战争和饥荒带来的问题。课堂上，老师拿出一张照片，名叫《饥饿的苏丹》，别名《秃鹫与小女孩》，是南非摄影家凯文·卡特的普利策奖获奖照片。照片拍摄于1993年，当时苏丹战乱频繁，大饥荒造成了饿莩遍野的情况。摄影师凯文·卡特在灌木林外听到一声微弱的哭泣,只见一名瘦骨嶙峋、裸着身体的小女孩,奄奄一息在贫瘠苍凉的大地上向一公里外的食品发放中心爬行。她的背后,有一只秃鹫,虎视眈眈地盯着小女孩,好像在等女孩死后,就可以扑上来。此情此景特别让人感觉悲哀和绝望。

随后凯文·卡特把拍下的照片卖给了《纽约时报》。照片刊登以后,其震撼人心的感染力让国际媒体争相转载,很快便传遍世界,激起世界人民对苏丹大饥荒和内战的关注。

为了让孩子们更加感同身受,老师给了一个同理心地图,让孩子们感受一下小女孩的心情:

如果你是照片中的女孩,你会……(以下是我儿子的回答)

- TASKS 任务——你想做什么?我想活下去,我能活下去吗?
- FEELINGS 情绪——你的感受是什么?非常难受,非常饿。非常害怕那只大鸟。
- INFLUENCES 影响——为什么你走不动了?天气热、路很远、不知道方向、走不动了。我想放弃,我很绝望。
- PERSONALITY 性格——你怎么了?我很弱小。我很无助。我的爸爸妈妈都死了,也没有其他的亲人。
- PAIN POINTS 痛点——正在经历或者希望克服的痛点。想走动,但是实在走不动。
- OVERALL GOAL 最终目的——试图实现的最终目标。真希望有人来帮我。我希望能活下去。

大儿子初次看到这张照片的时候沉默不语。当回答完上面的问题时,他眼睛里已经噙满了泪水。回家以后,老师要他写的作文《如果我是那个小女孩》,他第一次不用我监督和催促,作文完成得很快。晚上吃饭的时候,他提醒弟弟碗里的饭要吃完,因为"世界上有很多孩子吃不饱肚子"。后来几天,他突然对战争题材的书籍和电影特别感兴趣,很想了解到底为什么那个女孩会这么悲惨。

33岁的摄影师凯文·卡特,凭这张照片,于1994年获选普利策特写摄影奖。可惜的是,四个月以后,他自杀身亡。也许是看了太多的人间疾苦,也许是受到众人的指责,说他没有对小女孩伸出援手。总之这张照片背后的故事和摄影家凯文·卡特的悲剧,让人唏嘘。

类似的走进人物内心,分析人物的方法,我们经常看到老师在用。这样对于培养孩子成为一个学会设身处地从别人的眼睛看世界,有很多好处。爸爸妈妈们在看新闻,读故事的时候,也可以带孩子做这些人物分析,带孩子体会不同的人生。

给孩子一张"投诉条"

有一次子涵在学校咬了同学,马上被送到学校的心理辅导老师那里,当时他还是很生气。这位有经验的老师并没有责怪儿子,而是和他开始对话:"你看上去很生气的样子?能告诉我发生了什么事吗?"儿子说:"是的,我很生气,我控制不了自己,他抢了我的书,我就很生气!"老师说:"所以你才生气到要咬他?"儿子说:"是的,虽然他是我的好朋友,但是我真的很

| 思考工具 |

同理心地图（1）

同理心地图

想到什么？感知到什么？

听到了什么？　　　　　　　　　　　　看到了什么？

说了什么？做了什么？

痛点：

收获：

什么时候你也可以使用？

071

| 思考工具 |

同理心地图（2）

同理心地图

要完成什么任务？回答什么问题？

感受、感想是什么？

影响行为的因素有哪些？

人物背景和性格

正在经历或者希望克服的痛点：

试图实现的最终目标：

什么时候你也可以使用？

生气!"

老师看到了就对他说:"哦,我明白了,谢谢你和我分享。我有个不错的方法,可以帮助你好受一些,你是否允许我帮助你平复心情,同时找到解决问题的钥匙呢?"子涵泪眼婆婆地点了点头。

于是老师送给孩子"电灯泡"思考工具。第一个工具帮助孩子理解和梳理自己的情绪。

老师告诉我们:

"认可孩子的情绪是沟通的开始。如果一上来就是否定孩子的情绪,质疑反应的合理性,那么孩子可能根本不愿意听进去家长和老师要说的话,更不要说听从建议了。只有当孩子的情绪被接纳了,才能够了解具体的情况。

"所以,我建议家长遇到孩子闹情绪的时候,首先要充满同理心地聆听,了解孩子面临的真正问题和挑战是什么。情绪是人对外界情境的本能反应,就像手碰到火焰就会往回缩,冷了就会打寒战一样。尽管我不欣赏甚至不赞成孩子过激的情绪表达方式,但是情绪本身是没有对错的。家长接纳孩子的情绪,就等于承认他们对外界情境的反应是正常的。遇到强度比较大,或者持续时间比较久,或者比较复杂的情绪时,可以引导孩子深入地去探讨和理解。"

其实同学之间有摩擦很正常,如果老师一开始就责怪儿子不该咬人的行为,恐怕儿子会感觉到自己的情绪不被接纳,也失去了一个学习处理情绪的机会。心理指导老师并没有指责孩子的错误,而是选择聆听,理解并接纳孩子的情绪。

这是老师教给孩子们的沟通句型:

(1)套用固定的句式来谈论你的感受。用"I statement"来表达情绪,谈论自己的感受是比较安全的,也是自由的。

可以说:"当……发生,我感到……。""我现在的心情是……。""我希望你可以……。"比如:当你说我很笨的时候,我很难过伤心;当你不跟我说话的时候,我觉得我在你的心目中不再重要。

(2)梳理前因后果,给出假设的情景。可以说:"因为……,所以我很……。"或者:"如果……,我就……。"

譬如,我接孩子回家以后,孩子不开心。我会鼓励孩子表达前因后果。孩子可以说:"因为今天妈妈很忙,没有给我足够的注意力,所以我很不开心。如果妈妈可以多花一些时间陪我,我会很满足。"

(3)给孩子其他的表达和宣泄情绪的方式。

言语表达是针对语言、思维发展已经比较完善的大孩子以及成人的,但对于较小的孩子,情绪表达可以有很多非语言的方式。比如深呼吸、绘画、用玩具或者玩偶摆故事、用小游戏来发泄等等。儿子学校的心理教室经常接纳课堂上情绪失控的学生,这些孩子,要么哭,要么气鼓鼓,通常是说不出一句整话的。这时老师一般会给画笔和纸给孩子,让孩子随便画。画完了,通常情绪也平静多了,如果孩子愿意,可以说说画中的故事或者感受。儿子喜欢画画,每当儿子生气或者对我发脾气的时候,我就会给他纸和笔，让他把"生气"画出来。通常孩子画完 2—3 页的宣泄体的涂鸦以后，气也消了。

有一次，有两个学生课堂上吵架，智慧的老师让学生各自写一个投诉条，写下当时的感受和发生的事情，不能占用大家的课堂学习时间处理纠纷。下课前 5 分钟，老师会来着重解决这些"投诉案件"。可笑的是，大部分学生都不记得发生了什么，或者已经宣泄了情绪，早就不生气了。

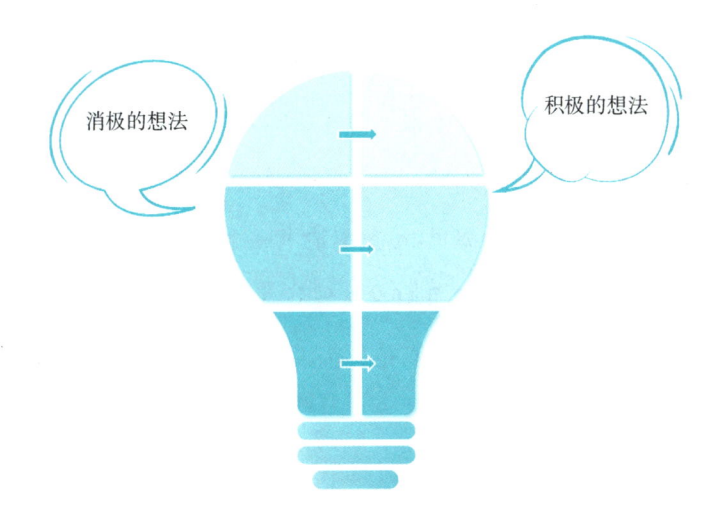

消极的想法　　　　积极的想法

在家里，我设置了一个"投诉箱"。孩子如果觉得爸爸妈妈哪些地方做得不好，也可以投诉我们。然后晚饭以后，我们集中时间处理投诉事情。刚开始的时候，孩子会在气头上，在投诉条上写些脏话。我们就认真地教孩子这些脏话背后的意思，然后问他们是否有其他的方式表达愤怒。后来我们用了一个投诉条模版，孩子可以根据模版来陈述谁、什么时间、做了什么等等，通过事实来表达情绪。

最后，就是学会把消极的情绪变成积极的情绪。

当孩子沮丧的时候，我们会说一些不切实际的美好愿望，有些可以是很荒谬的，来帮助孩子宣泄情绪。譬如，天气下雨孩子不能参加露营了，我可能会说，我多么希望我是雷神，可以控制天气，那我就会让雨马上停下来，让太阳马上出来，我可以让天上的所有云朵都变成能吃的棉花糖……孩子很多时候会觉得被别人理解了，所以反而不会较真，有时候这种虚幻的想象也可以在某种程度上缓解孩子的焦虑和沮丧。

这个方法对爸爸妈妈的情绪管理也很有帮助。有一次我们在去参加一个重要会议的路上，遇到一个很不懂礼貌的人，不仅鲁莽地随意插在别的车前面，还冲着路上的行人破口大骂。一瞬间，妈妈所有的好心情都被破坏了。于是，在妈妈的脑海里，迅速编造了一个故事：这个人刚刚离开医院，得知自己患了不治之症，正好又接到电话，发现公司的合伙人卷钱跑人了。他充满了愤怒和痛苦，他真是一个不幸的人啊！这样一想，马上心里的不快就消散了。

情绪认知和管理的方法有很多，每个孩子不一样，但是总有一些好办法能帮助正确理解和处理情绪问题，拥有乐观健康的心态。

| 思考工具 |

投诉条

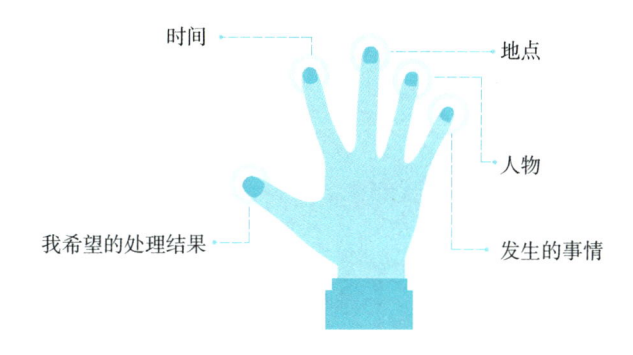

- 时间
- 地点
- 人物
- 发生的事情
- 我希望的处理结果

投诉人：_____　　　　被投诉人：_____

时间：_____　地点：_____

发生的主要矛盾：

_____

_____

证人：

_____

_____

希望得到的处理结果：

_____

_____

_____

| 思考工具 |

改变我的心情

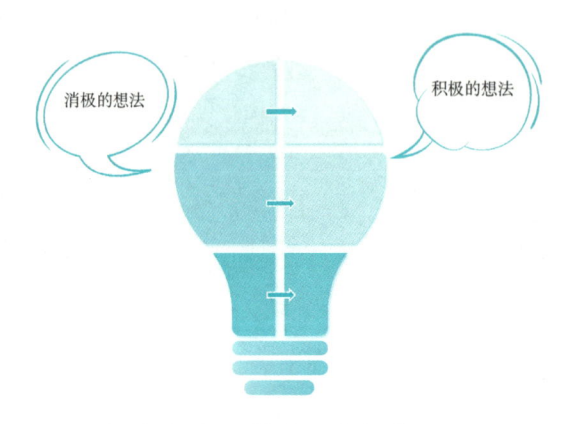

消极的想法　　　积极的想法

孩子的情绪有时候非常消极,情绪比较低落。爸妈可以跟孩子们用这个工具,把消极的想法写下来,然后谈一谈,为什么会这么想?想法是否全面,是否正确?如果我们能把"消极"变"积极",有什么途径和办法?

我感觉不高兴,有这些事情困扰着我:
_____
_____

我做这些事情,可以让自己开心:
_____
_____

我可以这样改变自己的心情:
_____
_____

第五章 跳得过陷阱

家是另一个学校

在美国,每年九月的第一个星期一是劳动节。这个劳动节正好是开学之前的最后一个周末,很多家庭都会利用这个机会带孩子出去露营。2020年遇到疫情,在居家半年之后,我们决定跟另外两个家庭,小路一家以及小雅一家一起去马里兰南部的一个著名的公园露营。

在露营的三天里,孩子们离开了六个月来每天不离身的电脑。我们也关闭了手机,好好享受这难得的清闲。带着孩子们在公园划船、骑车、散步、捞螃蟹、生篝火,真是乐趣无穷。

孩子们最喜欢的是捞蓝蟹。马里兰蓝蟹是梭子蟹的一种。蓝蟹外观背部呈淡绿色,蟹腿带有鲜亮的蓝色,味道十分鲜美。蓝蟹是马里兰的特色,主要分布在美国大西洋沿岸,其中马里兰州切萨皮克湾,也就是我们所在的露营地,蓝蟹特别多。

孩子们用绑着鸡脖子肉的绳子,放在水中等着蟹爬上来觅食。在螃蟹贪婪啃着鸡脖子的同时,孩子们拿出大网,快速准确地捞起在忘我进食的蓝蟹。

晚上大家聚在一起煮着战利品,一边大快朵颐、一边谈天说地。好朋友小路的爸爸看着一锅由于贪吃而成为别人的盘中餐的蓝蟹，打趣说："哈哈，没有想到几根鸡脖子，就钓到了这么多的蓝蟹，够我们三家饱餐一顿了！"是啊，小小诱惑，就可以让螃蟹完全忘记了可能的危险。

吃完螃蟹，大人们越聊越开心。不知不觉我们就聊到了孩子的成长教育。程毅好奇地问："你们觉得孩子成长路上，最大的陷阱是什么？"

"电子产品管控！"一直在做饭的小路的妈妈突然插话。

（小伙子们一起合力捕到第一只螃蟹时特别兴奋）

"性教育问题？"小雅的妈妈试探性地补充。她解释说她刚看完电影《误杀》《不能说的秘密》，感觉作为一个女孩的妈妈，她过得心惊胆战。小雅爸爸也赶紧补充："我觉得青少年的性教育问题刻不容缓！"

程毅看了一下我们，笑了笑："看来每家关心的重点不一样呀。"

几个孩子这时候开始坐立不安，因为整天没有碰手机和电脑，他们开始觉得浑身不自在了。大儿子子曰凑过来，试探性问我："妈妈，我可以玩你的手机吗？"我两手一摊，为难地说"对不起，我的手机关机了。"其他几个孩子一看没有希望，他们就拿出乐高，提议大家一起堆乐高。

我看着孩子们，好奇地问小路的爸爸："你们平日怎么管控孩子的手机和电脑使用呢？因为我知道网络上有很多不适合孩子的内容，我很担心。"

小路爸爸叹了一口气:"哎,说来话长!这也是为什么我们家很关注这个话题的原因。"

孩子,我们需要一份协议

小路爸爸说:"不知道你们是否看过一部悬疑剧情片《网络迷踪》。电影里,一个16岁花季少女突然人间蒸发了,急得她爸爸到处寻找,最后通过破解女儿社交网站的账号密码,展开一系列追查才解救了女儿。对于这样一部寻女的影片,每个人眼里看到不一样的故事。有的人看到了家庭教育的问题,比如父亲的缺位给女儿造成的影响;有的看到女孩母亲逝世对她的伤害;有的人看到了女警对自己儿子管教的疏忽;也有的人在强调跟孩子进行心灵沟通的重要性。而我们看到的是,原来作为父母的我们,对孩子在网络上的生活竟然知道得那么少!"

小路妈妈赶紧补充:"是啊!孩子小时候,他们去哪里我们都要跟着,眼睛时刻要注意他们在做什么,跟谁在一起。而随着孩子的长大,有机会接触网络开始,他们的行踪变得飘忽不定、难以捉摸。就像剧中的父亲,直到女儿的失踪,才逐渐意识到自己与女儿之间原来这么陌生。不清楚女儿最好的朋友是谁?放学后去谁家写作业?跟谁接触最多?直到进入女儿的社交网站,才知道女儿在网络上完全是另外一个样子呢。"

我陷入了沉思。的确,跟着电子产品长大的这一代孩子,让我们做父母的操碎了心。我发现自从孩子开始上网以后,对其他生活中本来很有趣的活动开始失去兴趣,在没有手机陪伴的时候坐立不安、情绪变化多端、宁愿玩手机也不愿跟家人说话……

这时小路妈妈还在絮絮叨叨:"孩子现在对于玩手机和电脑遮遮掩掩,开始撒谎,看到父母过来就切换屏幕。他们睡前总是拿着手机不放,以至于影响到睡眠质量和时间;一旦我要拿走手机,孩子就开始哭喊,情绪激动……"

是的,很多父母面对这些困境,大多手足无措。而我们自己呢?很多大人一边在教育孩子,一边面对网络上五花八门的生活,也是爱不释手。

诚然,我们的生活离不开网络,但是父母得知道,孩子跟我们不一样。研究表明,5岁以前通过其他活动激发大脑发育很重要。过于依赖电子产品会影响大脑整体发育。会让孩子出现问题,比如上课难以集中注意力、行为方面难以控制自己、睡眠不足、影响语言能力发展。越小接触越容易上瘾。现在,网络游戏本身是参照心理学设计的,孩子很容易被吸引住。

电子产品对孩子的危害还有"辐射影响健康"。大剂量的电磁不仅对儿童的生长发育不利,还会带来诸如哮喘、白血病之类的疾病。专家介绍,儿童正处于生长发育阶段,身体组织中的含水量比成人丰富,而手机微波具有对水分越多的器官伤害越大的特点,因而,微波对人体眼睛的伤害最大。此外,长期发短信还可能导致孩子手指发育畸形;低头玩游戏等,会对孩子的颈椎带来很大伤害。

而大部分家长对孩子上网没有进行限制,既没有时间限制,也没有内容限制,相当于让孩子在一个充满诱惑的地方,随意徜徉,没有监管。学校里也一般没有任何网络安全培训课程,特别是社交媒体的安全使用课程。所以,有的孩子在网络上过早接触了色情暴力内容,甚至有的孩子遭受网络暴力，痛不欲生。

我承认说："对于自己的孩子，我们也在经历这些阵痛。比如，手机游戏，我们觉得孩子一天最多玩 20 分钟，而孩子呢，巴不得一天能玩上七八个小时。爷爷奶奶呢，只要孩子开心，什么都依着孩子。所以为了这个问题，家里争吵不休。"

筋疲力尽之后，我和先生想了一个办法：和孩子签订《电子产品使用协议》。在制定协议之前，我们仔细考虑了这些方面：

- 使用电子产品，无论是什么原因，一天不可以超过两个小时。
- 最好尽可能在下午，上午用来做别的事情。
- 父母同时遵守，如果家里还有其他人，也都遵守。父母如果违反规定，应该有怎么样的后果？孩子可以监督爸妈。
- 写好的合同需要大家大声读出来，有一个正式的口头约定。
- 在给孩子买第一个手机和电脑之前，他们要参加相关培训内容，包括网络欺凌、网络色情问题、社交软件的正确使用、手机的教育功能和娱乐功能区分等。

最后，我们制作了一份协议。协议的签订给了我们全家人一个探讨的机会。让孩子知道我们的目的是保护和引导他们，而不是限制和约束；而孩子也知道了，用网络可以做什么。同时，爷爷奶奶也知道了我们的协议内容，也支持我们的做法。大家全部都签字、握手为约，孩子大声朗读了协议内容，爸爸打印出来贴在家里墙上。

使用协议之后，孩子偶尔有犯规，我们只能采取卸载游戏、控制上网权限的办法，让孩子知道犯规的后果。目前为止，大家都尽可能遵守，不逾越界限。

小路爸妈赶紧说:"能把协议发给我们参考吗?"

"当然没问题!"我点点头。

小雅妈妈说:"哎,每家的情况不一样。我们家就不需要签订协议了。孩子还算听话。只是我们一直在想什么时候可以给孩子配第一个属于她的手机?你们有什么建议吗?"

我说:"你说得对,各家情况不一,方法也可以多样。我个人认为,手机不是孩子的生活必需品,买手机主要是出于沟通和安全考虑。如果孩子有责任感,比较自律,也愿意配合管理,可以考虑早点买。很多家庭是在初中给孩子配备手机。"

小路爸爸问:"我发现男孩子一般偏重游戏社交,如果不让他们玩游戏,就跟朋友缺乏共同语言,你们怎么看?"

程毅分享说:"其实,我们并不是完全不让孩子玩,而是希望他们不要无节制地玩,或者只知道玩游戏,而忽略了其他社交活动。对于男孩而言,玩游戏是最简单的,不需要付出努力就可以获得的乐趣;男孩子在游戏的世界里找到归属感、自主权。'在游戏里,我就是王',游戏能满足孩子的深层需求,我们不得不承认这是事实。

"我专门研究了一下男孩子还有哪些娱乐方式,比如乐高、车模、无人机、航拍、围棋、露营、远足、攀岩、骑车等。户外运动、旅游、博物馆、漫画、滑板、健身、乐器都可以让孩子找到乐趣。有的孩子实在喜欢打游戏,可以鼓励他们去创造,告诉他们与其打游戏,不如学游戏设计和开发,自己设计游戏。有的家长干脆跟孩子一起打游戏,让游戏成为亲子沟通的桥梁。每个家庭的方式不一样,但是目的希望多一些陪伴、了解和指导。比如,我们现在陪孩子露营,就是最好的陪伴。看!我们待会就可以燃起篝火,让孩子们烤棉花糖了!这种回忆对他们来说最珍贵!

"最后,我觉得家里的每个电子产品都应该设定密码,这样孩子需要通过爸妈,才有机会使用。很多家长也会装上电脑监控软件,不但可以由家长来设定子女的开机时段、上网时间和休息时间,也可以过滤掉一些不健康的网站,并且限制运行某些应用程序,比如游戏等。有的监护功能还可以使家长看到孩子的上网记录、聊天记录等,孩子的网上行为完全在家长的视野之中。"

听到这里,大家翘起大拇指,看看天色已晚,我们把孩子叫过来,准备一起生篝火了!

(进行森林露营,远离电子产品,是我们家每年暑假的传统)

| 思考工具 |

电子产品使用协议样本

这个样本供家长参考。您可以根据自家情况，制定跟孩子类似的电子产品使用协议。

目的

- 为了孩子的身心健康
- 为了维系良好的家庭环境，避免争吵和误解
- 为了让孩子能充分享受特权
- 为了让孩子能自己学会负责任地使用电子产品

（孩子名字）_____同意：

第一：前提

完成下述事情以后，（孩子名字）_____才可以上网：

1.

2.

3.

4.

第二：时间

仅在(_____下午)之后才可以上网，每天最多_____小时：

第三：内容

1.

2.

3.

如果网上跳出有任何内容,让你感到不舒服或不安全,要马上告诉爸爸妈妈。

(这些内容不可以看:色情内容、恐怖内容等)

(父母名字)＿＿＿＿＿＿＿同意:

- 在孩子履行义务之后,提供电子产品和上网环境
- 在孩子享受权利之时,不唠叨
- 当孩子告知在网上看到的不舒服的东西时,不抓狂不责备,理性探讨
- 自己以身作则。比如开车时候不看手机、不发短信;未经允许,不要在社交媒体上发布孩子的照片等。
- ＿＿＿＿＿＿＿＿＿

此协议生效之前,双方必须同意:

- 手机不上桌、不上床,吃饭和睡前是家人交流时间。
- (父母名字)有权知道(孩子名字)的社交媒体账户的用户名和密码。
- 父母和孩子共同完成以下主题的家庭培训课程:
- 关于网络欺凌
- 关于网络色情内容
- 关于社交媒体使用规则
- (孩子名字)理解上网是一种特权,不是权力。如果(孩子名字)不遵守本协议的规定,将失去一周的上网特权。

- 彼此触犯的时候,相互提醒,不指责,而是把错误当作一个学习和提高的机会,不断改进。

- _____

(本协议每三个月更新一次)

家里的所有人签字:

签名:

日期:

一个有趣的词

孩子们围着篝火烤着棉花糖,非常开心。这时候,中间唯一的女孩子小雅想去不远的公共厕所洗手,她的爸爸妈妈立马决定两人陪着一起去。小路爸爸说:"哇,用不着这么紧张吧!这个公园很安全啊。"

小雅妈妈神情不安地说:"那因为你家是男孩,女孩的家长就得更加小心呢!"

等小雅在爸妈的陪护下从洗手间回来,大家自然而然聊到了对孩子的保护问题,而性教育话题也在其中,因为现在低龄受害者的新闻一次又次地触动大家的神经。

有种说法是"你嫌性教育太早,但坏人不会嫌孩子太小"。性教育几岁开始比较好？这是家长们很困惑的地方,也是我们的困惑。

有两部电影在我们对孩子的性教育方面有启示作用。

电影《误杀》中的施暴者名叫素察,是一名 16 岁的在校学生。电影中,素察妈妈对儿子过度骄纵,爸爸则是粗暴管教。两种方式的作用下,素察只能向外寻求刺激和满足。在一次学校组织的外出春游中,他在平民李维杰的女儿平平的饮料中下药,强暴并拍下了施暴的视频。

遭受性侵害的孩子可能会表现出一系列情绪和行为的反应,包括噩梦、失眠、焦虑、愤怒、沮丧、紧张、神经质,具有高度的惊吓反应、不想和某个特定的人独处等。之后素察在上学路上堵到平平,用强暴她时拍摄的手机视频相要挟,约平平当晚 10 点在她家后院的仓库见面,想要再次凌辱她。即便是这样,平平对家人还是选择了沉默。

遭受性侵,孩子为什么不告诉父母？孩子也许感到羞耻或尴尬。他们不知道如何谈论,或者找不到机会。

孩子可能会想：

"我可能会被视为下贱的异类。"

"这会给我的家人带来麻烦。"

"我不想让警察介入我的生活。"

"不敢说出谁是侵害者。"

"我会挨骂、受到责备。"

"我的不雅照片和录像会被传到网上。"

"没人相信我说的。"

遭受性侵害的儿童可能会表现出一系列情绪和行为反应,这些反应可能包括:做噩梦、睡不好。比如梦到怪物在追自己,反感所有的触摸,情绪暴躁,变得焦虑、沮丧。突然开始回避某个人或者某个地方,不喜欢跟人独处,出现不适合孩子年龄的性知识、语言或行为等。但是,尽管许多经历过性侵害的儿童表现出行为和情感上的变化,但许多人却没有表征,所以父母更要关注预防和沟通。

电影中平平的反常举动和反应,还是被细心的妈妈发现。在观察到女儿的恐惧、不安、和一直不停的看钟的举动后,妈妈特意到女儿房间关上门,关切地询问女儿的情况,凭借着良好的亲子关系和信任感,女儿向妈妈坦白了一切。

相比之下,2018年改编自导演本人真人真事的法国电影《不能说的游戏》(也被翻译成《说不出口的游戏》)中的奥黛特就没有那么幸运了。奥黛特是一个单纯善良的小女孩。在她八岁那年,爸爸的好朋友,一个成功、帅气的叔叔,把她带进一个小房间,玩一个叫做"洋娃娃"换装游戏,她生平第一次遭受了性侵。年仅八岁的奥黛特,完全不知道发生了什么,只是本能地拒绝叔叔接自己回家、拒绝叔叔带自己单独露营。

可是当时妈妈却以为女儿只是年少任性,反而逼着女儿要听叔叔的话。哪怕看到了女儿弄脏的带血的内裤,也只是怪女儿不爱干净,并且好奇女儿怎么十岁就来了例假。所以小女孩在最美丽的童年,反复遭受了看似和蔼成年人的反复性侵。而女孩由于一直羞于启齿,独自沉浸在被侵犯的阴影中。直到长大后,在心理医生的鼓舞下,她不再逃避,道出了当年的真相。

对一个孩子来说，选择倾诉是很困难的。一些遭受性侵害的儿童可能需要几周、几个月甚至几年的时间才能完全坦露她们所遭受的伤害。许多孩子甚至从不告诉任何人关于被性侵和虐待的事情。与可能遭受过性侵害的儿童交谈时保持冷静是很重要的。你可以直接问孩子是否有人以他们不喜欢的方式触摸他们的身体，或者强迫他们做他们不想做的事情。另外，你对倾诉的反应将对你的孩子如何处理性侵害的创伤有很大的影响。得到父母支持的儿童将更快从性侵中康复。很多性侵的受害人往往都是多次受到侵犯，在未成年的孩子受到性侵时，有很多表现，父母不容易察觉。而当孩子觉得和父母坦白的压力很大，或者害怕被父母评判时，也很难鼓起勇气陈述自己的遭遇。因此，良好的亲子关系和家长善于察觉孩子情绪变化的能力，是避免孩子继续遭受侵害的关键。

此外，很多家长对于性侵存在着很多误解，其中最常见的三大误解分别是：

误解一：儿童性侵害是一种很少见的经历。

事实：儿童性侵害并不少见。研究表明，多达 1/4 的女孩和 1/6 的男孩在 18 岁之前会经历某种形式的性侵害。然而，由于儿童性侵害本质上是比较隐秘的，许多此类案件从未被报道过。

误解二：孩子最有可能受到陌生人的性侵害。

事实：儿童最常受到他们认识和信任的人的性侵害。大约四分之三的儿童性侵害案件是由家庭成员或其他被认为是受害者"信任圈"成员的个人所为。

误解三：儿童性侵害总是由成人实施的。

事实：报告的儿童性侵害案件中23％是由18岁以下的个人实施的。

对于如何预防儿童性侵害？美国国家儿童创伤压力协会给家长们提出了12点建议：

（1）早点谈论身体部位。说出身体的各个部分，并尽早谈论它们。给身体部位起个合适的名字，或者至少教你的孩子身体部位的实际名字是什么。

（2）告诉他们身体的某些部分是私密的。告诉你的孩子，他们的私处被称为私处，因为他们不是每个人都能看到的。解释医生检查身体的时候，最好爸爸妈妈在身边。

（3）教孩子身体边界。实事求是地告诉孩子，任何人都不应该触摸他们的私处，任何人都不应该要求他们触摸他人的私处。

（4）告诉孩子不好的秘密是什么？大多数施暴者会告诉孩子对性侵保密。比如："我喜欢和你一起玩，但是如果你告诉其他人我们玩了什么，他们就不会让我再来了。"或者"这是我们的秘密。如果你告诉任何人，我会告诉他们这是你的主意，你会有大麻烦的！"告诉你的孩子，不管别人告诉他们什么，如果有人试图让他们保守类似的秘密，他们应该告诉父母。

（5）告诉孩子，任何人都不可以给他们的私处拍照。

（6）教孩子如何摆脱可怕或不舒服的处境。有些孩子不喜欢对别人说"不"，尤其是向同龄人或成年人。告诉

他们，如果感觉不对劲的事情发生了，如果有人想看或摸隐私部位，就找个借口马上离开。

（7）当孩子感到不安全时，给孩子一个可以使用的暗语。

（8）告诉孩子，如果他们遭受侵犯，告诉爸妈，他们不会有麻烦。孩子们经常什么都不说，因为他们认为他们会有麻烦。这种恐惧经常被犯罪者利用。

（9）告诉孩子身体接触可能感觉良好。坏人也不一定长得凶神恶煞。辨别是非和好坏很重要。

（10）告诉孩子，这些规则甚至适用于他们认识的所有的人，包括朋友、亲戚、老师或者教练，所有认识和不认识的人。

（11）教孩子照顾好自己的隐私部位、独自处理自己的事情，比如独立洗澡和上厕所，这样他们就不必依赖别人的帮助。

（12）相信你的直觉！如果你对孩子跟某人在一起感到不安，一定要追根究底了解清楚。

性教育跟教孩子开车一个道理。如果不好意思开口，就想象我们在教孩子开车吧：都是安全教育，都是为了保护孩子。我们不希望孩子在没有任何准备的情况下，独自上路，随机应变，两个事情带来的后果都很严重。另外，我们希望成为孩子可信赖的人，无论是遇到什么样的危险，都应该是他们值得信任的人。

孩子上幼儿园起，我们就给孩子买了很多性启蒙的绘本故事。后来，遇到一本不错的书，叫做《性是一个有趣的词》。孩子很喜欢这本书，因为这么难以启齿的话题，通过漫画和故事的形式，就轻易让他们接受了。我们自己也不觉得那么尴尬了。我们发现,在一个充满理解、关爱、民主、沟通的环境里,孩子比较不容易受到伤害,走上歧途。

> **童言童语**
>
> 妈妈告诉儿子,是爸爸妈妈给了你生命。
> 中文不太溜的儿子不解地问:
> "妈妈,你怎么给我生病呢?"

| 思考工具 |

跟孩子谈"性"

虽然这是一个很隐私的话题,但是为了孩子的健康和安全,我们不得不主动开启话题。我们之所以很早就跟孩子做了这些讨论,除了出于保护孩子的本能,我们也知道,十岁之前的孩子是很好奇的,愿意跟父母探讨这些问题的。一般教育专家认为7岁是最适合开始性教育的年龄,13岁之前所有涉及性的内容,应该都要跟孩子探讨。无数的研究表明,早期家庭性教育不仅不会促成孩子过早有性行为,反而会帮助孩子延迟性行为,也会增进亲子关系,更加会让孩子有健康的性观念,减少怀孕和感染疾病的可能。

找一个合适的时间和舒适的环境,试探性开始话题讨论。可以告诉孩子:你已经长大了,现在爸爸妈妈要送给他一个礼物,教给他很多大人才知道的秘密。孩子一般不会产生抗拒心理。

家长也可以分多次探讨,根据孩子的好奇程度和兴趣,适可而止。所有谈话的目的是建立跟孩子的信任感,而不是为了说教,所以不要强制灌输某一个观念。家长在这个过程中要反思自己的经历,以及想传递给孩子的价值观和思想观念是什么。

如果不确定孩子是不是适合这个话题,可以问孩子是否想知道,想了解。根据孩子的兴趣和接受程度来。根据孩子的理解和接受程度,探讨可深可浅。

对于孩子的所有表达,认真倾听,不随意评论。回答"哦,是这样啊!""你还可以告诉我更多吗?""能举个例子吗?""你是怎么知道的呢?""明白了!"类似的就好。鼓励孩子提问,并认真回答孩子的问题。可以找其他书补充介绍孩子感兴趣的话题。要不断感谢孩子敢于分享、乐于分享。并不断提醒孩子有问题可以问爸爸妈妈。

告诉孩子其他的人不一定准备好了谈论这个重要的话题,不要在同学之间讨论,也不要在公共场合讨论。性是一个隐私的话题,只适合在家里跟爸爸妈妈讨论。最好要孩子写下5个以内名字,可以安全讨论这些话题和提问的人。

借助《性是一个有趣的词》这本书,我们跟孩子开展了很多讨论。以下是跟孩子讨论的话题汇总,给您一个参考。

开启话题

- 介绍四种类型的孩子：什么都知道、什么都不知道、什么都想知道、什么都不想知道的。问孩子：你的朋友中有没有这种类型的？你是哪种类型？为什么？

- 什么是性？要孩子自己回答。并且带孩子查字典：你觉得字典的解释对吗？哪些是你听到过的？哪些是第一次听到？（强调：每个人都有疑问？每个人也都有自己的答案，观点不同，没有关系。）

- 性是一个很大的东西，需要一辈子的时间才能明白，我们一点点来了解。还有什么东西，很大很难懂，需要很长时间才能弄明白呢？

- "男孩子不可以穿粉红色。""亲嘴很恶心。""她真性感。"你听过别人说这些话吗？你还听到过些什么？你听到这些话的时候会想到什么？你看到电视里有人亲嘴或者看到广告里有人穿很少的衣服的时候，你会想到什么？

- 世界上很多词语有不同的意思，这种词语叫做"多义词"。想一想，有什么词会有不同意思的？比如：苹果，可以是水果，也可以是苹果电子产品。性也是多义词。你想想它有什么不同的意思呢？性别是什么意思？性爱是什么意思？"同性恋"是什么意思？还有哪些词你知道的？

- 什么是尊重？你怎么尊重别人？别人是怎么对你表示尊重的？什么是信任？你最相信的人是谁？什么是快乐？你怎么获取快乐？什么是法律？我们谈论性的时候，这四个词都非常重要：尊重、快乐、信任、法律。性意味着尊重，性意味着快乐，性意味着信任，性意味着法律，你觉得为什么呢？

我们的身体和内心

- 世界上什么东西从来不会停止生长？人的身体。你的身体跟小宝宝的时候有什么不一样了？可以在这里带孩子看他们成长的照片。

- 有句话说：只有翻开书，才知道书里面的内容。我们是无法从书的封面猜到一切的。人也是这样。我们有一个"外表"，也有一个"内心"。"内心"的事情只有自己知道。人长大的时候，"外表"在长大，"内心"也在长大。你是怎么理解这句话的？你在长大的时候，"外表"有什么变化？"内心"有什么变化？

- 画一画你的外表和内心。外表和内心有一样的时候，也有不一样的时候。比较一下哪些地方是一样的？哪些不一样？每个人的外表一样吗？内心一样吗？

- 你了解你的身体吗？你的身体可以做什么？什么时候你的身体很开心？开心的时候身体有什么表现？什么时候你的身体不开心？不开心的时候身体有什么表现？你长大的时候，身体哪些地方会有变化？

- 为什么公共场合不可以裸体？是不是有的地方，没有穿上衣或者鞋子，就不可以进去，比如说高级餐厅？想想为什么有这个规定？

- 什么叫"隐私"？什么时候你觉得你没有隐私？什么时候你觉得你需要隐私？我们身上什么地方是"隐私"的？"隐私"的地方可以给别人看到吗？为什么？男孩"隐私"的部位是什么？女孩"隐私"的部位是什么？人们把这些地方叫什么名字？你听过表述隐私部位的名字有哪些？是听谁说的呢？是什么时候听说的呢？你听到的时候的想法是什么呢？

男孩和女孩

- 小宝宝出生的时候医生怎么判断宝宝是男孩还是女孩？你怎么知道别人是男的还是女的？是不是以我们的身体构造来决定是男孩还是女孩？画一画男孩和女孩的身体，说一说你知道的身体部位名字是什么？男孩和女孩的身体，哪些地方一样？哪些地方不一样？

- 什么是同性恋？什么是异性恋？什么是双性恋？什么是变性？家长可以先问孩子，然后给孩子做初步介绍，记住不要带偏见和负面评论。也可以找一些关于同性恋的新闻之类的讨论。

- 哪些是男孩喜欢的活动？哪些是女孩喜欢的活动？为什么有的人会说"这是男孩子做的""男孩子不应该这样子"或者"这是女孩子做的""女孩子不应该玩这个"？有人对你这么说过类似的话吗？你同意吗？你觉得爸爸主要是做什么？妈妈主要是做什么？你觉得为什么他们做的事情一样还是不一样？

- 每个词都会有不同的含义。什么是"性感"？有人对你说过这个词吗？这个词有什么含义？什么人是"性感"的人？"穿着性感"或者"长得性感""性感的动作"是什么意思呢？

- 什么是"同性恋""双性恋""变性人"？我们应该怎么对待这些不一样的人？如果一个人一辈子都不想谈恋爱，是不是不正常？

触碰和触摸

- 什么是"触碰"？触碰能带给你什么不同的感觉？什么样的触碰让你开心？什么样的触碰让你不高兴？

- 家人之间哪些触碰是可以的？哪些触碰不可以？朋友之间呢？你和陌生人之间呢？谈到触碰触摸这个话题，你有什么困惑吗？

- 不同文化里的身体触碰有什么不一样？哪些文化里可以见面拥抱甚至亲脸颊？哪些文化比较保守？如果你到外国，你不知道见面的时候是否应该触碰对方，或者触碰哪里，你应该怎么办？

- 表达喜爱的方式有哪些？哪些方式可以让别人感觉到你的友好态度？如果有人对你的触碰让你心里不舒服，你怎么表达比较好？

- "我摸你，但是不可以告诉别人"，你猜这是什么意思？你有听人说起过吗？如果有人触摸了你，但是威胁你不可以告诉爸爸妈妈，你应该怎么办？

- 不正当的秘密触摸包括：摸身体的任何部位，别人要求你看或者摸他们的隐私部位，哪怕你觉得并没有什么，哪怕是发生在家里或者好朋友那里，这些都不应该。你觉得为什么呢？如果有疑问的时候，可以告诉谁？

喜欢和爱

- 喜欢是一种特别的感情。当一个人喜欢另外一个人的时候，会有什么感觉和表现？我们可以喜欢身边的人，也可以喜欢偶像。可以喜欢跟自己年龄阶段不一样的人，可以喜欢很长的时间也可以是很短的时间。你觉得这些话对不对？

- 你们同学里有没有谁喜欢谁？你有喜欢的人吗？有没有人喜欢你？这对你意味着什么？什么叫做"男朋友"，什么才算是"女朋友"？女生喜欢男生，可以主动表白吗？还是应该等男生主动？

- "喜欢"和"爱"有什么不同?
- 我们最应该爱的人是自己,要好好照顾自己。你是怎么爱自己的呢?
- 我们和周围的人建立不同的关系,有朋友关系,有亲人关系,还有什么其他的关系呢?这些关系在我们生活中的意义是什么?
- "爱情"是什么?人们在谈恋爱的时候会怎么称呼彼此?是不是只有男人和女人才可以谈恋爱?一般什么年龄可以开始谈恋爱?

童言童语

妈妈问:"儿子,你知道你出生的时候穿没穿衣服吗?"

儿子回答:"没有。"

妈妈暗自庆幸孩子有点科普常识。

不料儿子马上补充道:"没穿衣服,但穿了裤子。"

♥ 第六章

治得了毛病

大儿子子曰上四年级的时候，学校组织一年一度的春游，去的地方是维吉尼亚州的著名旅游胜地威廉斯堡。威廉斯完整保留了殖民时代的原貌，保存了美国早期的历史，是孩子们的活的历史教科书。为了保障孩子的安全，也为了跟儿子一起有一段独特的旅程，我报名参加做陪伴照看人员（chaperone），也就是陪行的父母。跟其他几个家长一起背上行囊，踏上了去维吉尼亚的学校大巴。

路上近三个小时的车程，我准备了一部电影，可以陪儿子打发时间，也可以让自己在接下来的三天行程里有事情可做。想知道我带的什么电影吗？是迪士尼动画片《赛车总动员》。这部电影是大儿子的最爱，翻来覆去看了几十遍。2006年第一部《赛车总动员》刚刚上映的时候，儿子们差不多五六岁，正是喜欢赛车的年龄。虽然这是部动画片，但是电影故事以励志和成长为主题，老少咸宜。我们看了以后觉得收获很大。电影的主角是一辆漂亮的跑车，名字叫做闪电麦昆。车的原型是红色的雪佛兰克尔维特，是美国国宝级的超级跑车。闪电麦昆一出场，浑身闪闪发光，别提多酷了！他最大的梦想就是在比赛中脱颖而出，成为冠军。结果，一场意外却把他带到了破旧不堪的过气小镇。在小镇上,虽然很不自在,但是淳朴善良的人们给了他很多鼓励和帮助,最终帮他赢得了他梦寐以求的奖杯,而麦昆也在这段人生历练中重新认识了自己。

我们全家都很喜欢这部电影,是因为好电影总是充满启发和灵感的。在感受电影里刺激的赛车场景时,我们思考的是:三部曲的影片中,从来没有出现过麦昆父母的角色,他几乎是自我成长,在挫折和反思中成熟。朋友们是他最重要的依靠,偶尔上场的教练也是一辆过了气的老牌车。虽然跌跌撞撞,但是他最终不仅完成了自己的华丽转身,赢得冠军,后来甚至在第三部当中成为伯乐,给后辈和新人开辟道路,成为别人的导师。

电影主角麦昆像极了大儿子子曰:激情、狂妄、渴望独立和认同。麦昆即将开始比赛时在拖车里自我激励的自白是这样的:"好了,来吧。速度,我就是速度。只有我一个赢家,其他都是输家。我把失败者当早餐吃掉。速度,我就是速度!我就是闪电!"好一个狂妄和自信的家伙!

面对上天入地、无所不能的兄弟俩,作为父母我们只能不断提升自己的战斗力,跟神兽们斗智斗勇。我们就不相信,有知识做武装,我们治不了你们的毛病!

青少年的大脑,没有刹车的法拉利

子曰练琴两年之后,突然之间音乐激情爆棚,才能迸发,双手在钢琴上舞动,那种自如和协调让我们惊叹。我练了好几年的《土耳其进行曲》,在

家是另一个学校

他这里两三个星期轻松搞定。虽然他还不太会把握乐曲的情绪，但是那疾风劲雨般的气势，已经明显技高一筹。

子曰在一次跟朋友的孩子切磋琴艺的友好赛中，面对比他练琴晚几年的小妹妹，丝毫没有怜香惜玉，直呼对方错误百出、琴艺不精，好像只有自己才是最厉害的。面对他那洋洋得意的样子，我拳头捏得紧紧的，恨不得好好杀杀他的威风。可是，在一个多小时的苦口婆心教育之后，他只得出来一个结论："我就是最棒的嘛！大家干嘛都那么嫉妒我？"

他的优秀和他的极端个性，一直让我觉得迷惘。怎样才能最好地引导他呢？在读了詹森博士《青春期的烦"脑"》这本书以后，我对孩子大脑的发育才开始有所了解。有了科学认知，我开始理解孩子的行为。

比如，传统观念认为儿童一旦进入青春期，他们的大脑发育过程基本上就完成了，青少年的头脑和成人没有太大差别。而事实上，几十年的神经学和大脑研究显示，孩子的大脑处于一个非常特殊的发育阶段。人的大脑，一生都在不断的变化之中，大脑尤其在童年时期变化很大。在这个阶段，小孩子有其明显幼稚和考虑不周之处，但也有强于成人的地方。比如，脑中部的控制身体运动的部位，在青少年时期就达到了高峰。也就是说，通过不断的动作重复和专项训练，可以达到高度的准确性、灵敏度和操控性，这也是为什么大多数需要身体高度协调和精确发力的运动项目的运动员，往往在年轻的时候，就达到了运动的巅峰状态。青少年大脑神经元在脑神经网络形成的初期，获得了足够的刺激而形成交联。他们学习能力相当惊人，学习速度快，具备很高的可塑性。爸爸妈妈是不是常常感叹，自己家的宝贝，学英文比自己快，学小提琴比自己快，体力比自己好，记忆力比自己强很多呢？就像我的大儿子,钢琴进步神速,已经远远超过了我。

但是,一旦错过青春期这个黄金时期,神经元再想要交联的难度就大大增加了,有时候即使有成倍的外部刺激也无法再形成交联,这也就是为什么人年纪越大,学东西越慢,也越容易健忘。基于这些原因,青少年大脑是所有大脑当中的"保时捷",这个赞誉当之无愧!

人的大脑经历从后部向前部逐渐成熟的过程,最后成熟的部分是脑前额叶。脑前额叶是特别重要的,要负责推理和解决问题,帮助做未来规划、做判断、做决策、控制注意力,以及抑制冲动。可以说,人和动物的区别,就在于人类的脑前额叶最发达。可是,这么重要的部位,却要在25—30岁左右,甚至更晚才发育完全!

所以,孩子会比较冲动、缺乏自知之明、缺乏长远规划、缺乏明智的判断力、以自我为中心,其中一个原因是因为他们的大脑还没有发育到那个程度。比如,子曰在面对别人的钢琴表演时,就不知道怎么有风度地接受挑战和鼓励别人。很多孩子的家长也发现,明明知道考试就在明天,前一天晚上,孩子还可能玩游戏到半夜;也明明清楚,夏天下河游泳危险重重,但是总有孩子禁不住诱惑,贪图一时的凉爽和快乐,最后命丧黄泉。

缺乏脑前叶管控的孩子们,就像一辆还没有安装刹车的"法拉利",充满无限可能,但是缺乏判断和远见,缺乏自控和节制,所以常常让自己陷入僵局。不是因为他们故意为之,而是因为大脑,特别是大脑前叶部分仍在发育。所以,面对孩子的"可笑""无知""冲动"和"无理取闹",一定要理性看待，要理解他们的局限性，也要多加引导。

> **童言童语**
>
> 儿子问："妈妈，这桶牛奶什么时候到期？"
> 妈妈回答："马上就要到了"。
> 儿子一拍胸脯："不用担心，妈妈，我把一桶马上喝掉！"

"应得特权"心态

我一个朋友的女儿快过四岁生日了，她在女儿生日的前一天开心地告诉女儿生日安排：早上起来会有爱心早餐，上午去奶奶家，因为奶奶准备了生日礼物。中午吃麦当劳，下午看电影。晚上的时候全家会聚在一起，给她祝贺生日，到时候她会有好多的礼物。结果四岁的孩子听完以后，漫不经心地回答了一句："就这些吗？"望着女儿纯真的面庞，我朋友一下子不知道该说什么了。

有一次，我们在一块空地上玩飞盘。结果过来了另外几个孩子，要求我们把地方让给他们。我们觉得对方有点不讲道理，不想让，结果为首的大概才七八岁的孩子直接说："我爸爸是董事长，你让开的话，我给你三百美金。"

刚上大学的小王很喜欢买鞋子,她买的鞋子从来动辄好几千,有一次打电话给妈妈,要买一双新的古驰的鞋子,原因是原来的那双脏了。妈妈不同意,孩子直接在微信上把妈妈拉黑了。

三个故事里,虽然孩子的年龄不一样,但是都有一种"应得特权"心态。现在的孩子们,好像普遍都有一个毛病,有点"什么都该是我的,觉得所有人都欠我的"态度。这种慵懒、自恋、想当然,并且事事以自我为中心的心态是孩子成长的最大障碍。

艾米·麦克瑞德的《个人主义至上的孩子们》一针见血地指出有"应得特权"心态的孩子有9种迹象,各位爸爸妈妈对号入座,看看自己的孩子是不是也有这些表现:

- 期望自己的良好行为得到立马的关注和奖励。
- 很少伸手主动帮一下别人。
- 关心自己的需求胜过关心别人。
- 当事情出错时,习惯性地推卸责任。
- 无法承受被拒绝的失望。
- 做什么都要想想自己能得到什么好处。
- 犯错时,期望别人来原谅自己和拯救自己。
- 觉得规矩不是用来约束自己的,而是用来管别人的。
- 在物质享受上,总是不断想要更多更好的。

爸爸妈妈有时候过度放纵孩子,会助长这种特权心态。比如为了得到孩子的认可,让孩子开心,孩子想要什么就给什么。有时候,爸爸妈妈工作忙,觉得对不起孩子,陪伴太少,于是用物质来补偿或减轻负罪感。有的爸爸妈妈觉得自己小时候没有得到的东西,不能让孩子有这个遗憾。当然,有小部分家长稍有攀比心态,觉得孩子应该拥有朋友或邻居孩子有的东西,或者认为提供的东西在某种程度上给了孩子一些优势。而这所有的一切,都会滋长孩子的特权心态。

麦克瑞德认为,当父母竭尽全力确保孩子的满足,当孩子可以随意得到他们想要的一切时,孩子可能会把感恩感抛在了一边。她说:"过度放纵、过度保护、过度纵容、过度赞扬,以及为了满足孩子无尽的需求为孩子做所有的事情,他们根本不知道说谢谢是什么感觉。"同时,在父母试图保护孩子免受逆境伤害的过程中,他们也剥夺了孩子做出决定、从错误中吸取教训、发展在生活的起伏中茁壮成长所需的韧性的机会。

先给大家描述一下曾经在我家差不多每天都会上演的一场戏吧:每天下午四点接孩子到家,他们就把鞋子、书包、外套一甩,一边嚷着要奶奶拿零食、倒牛奶,一边追着妈妈,要玩妈妈的手机。如果妈妈提醒要做作业、弹钢琴,孩子就生气地大喊大叫。好不容易磨到睡觉的时间,要小祖宗们洗澡、刷牙,然后哄睡,每一件事都让人烦心。

时间一天天过去,我不胜其扰,感觉越来越失控,越来越筋疲力尽。孩子不愧是世界上最聪明的小精灵,面对我的动之以情、晓之以理,他们总有对付的办法。比如,想买一个新玩具的时候,会死缠烂打地跟我"讲道理":

"妈妈,我真的需要这个玩具。有这个玩具,我就是世界上最开心的人!"

"妈妈,别人都有这个玩具,就我没有,好委屈啊!"

"妈妈，最近表现这么好，是不是应该奖给我一个新玩具呢？"

"妈妈，你上次给我买新玩具的时候，我好开心！还能给我再买一个吗？"

或者，他们会采用心理战术，让我觉得对不起他们，内疚，以此来达到他们的目的："妈妈，我觉得你们越来越不爱我了，连玩具都不给我买。我恨你！"

> **童言童语**
>
> 我们正在欣赏新买的钢琴。
>
> 隔壁叔叔敲门进来，送给我们从欧洲旅游带回的巧克力。
>
> 妈妈对儿子说："谢谢叔叔吧。"
>
> 子曰很高兴地对叔叔说："叔叔，谢谢你送的钢琴！"

以前听说过这么一个故事：

有一群孩子，在一位老人家门前嬉闹，叫声连天。几天过去，老人难以忍受。于是，他出来给了每个孩子10美分，对他们说："你们让这儿变得很热闹，我觉得自己年轻了不少，这点钱表示谢意。"

孩子们很高兴，第二天仍然来了，一如既往地嬉闹。老人再出来，给了每个孩子5美分。5美分也还可以吧，孩子仍然兴高采烈地走了。

第三天，老人只给了每个孩子2美分，孩子们勃然大怒，"一天才2美分，知不知道我们多辛苦！"他们向老人发誓，他们再也不会为他玩了！

孩子一开始什么钱也得不到,嬉闹得还挺开心,到了第三天,每人还有2美分的奖励呢,为什么却气得不想玩呢?

从这个故事里,每个人能读出不同的含义。我的理解是,老人巧妙地利用了孩子的"特权心态",反而让孩子放弃了嬉笑打闹。

孩子的种种行径让我很快就意识到这也是他们的"特权心态"在作怪,是时候整治一下家里的风气了。于是,我们夫妻两个一商量,决定采用一个管理工具 RRP。

RRP 分别代表了三个英文单词:Rights,Responsibilities,Priviledges。这是一个我们夫妻独创的一个管理工具,实施两年时间,效果不错。

第一个 R:来自英文单词 rights(权利)的首字母,也就是:什么是属于我的。我们跟孩子解释说,就是人人应该有的权利,是生而有之的,神圣不可侵犯的,而且孩子们不需要做任何事情就可以得到的。比如:

- 受教育的权利
- 呼吸的权利
- 安全感
- 喝健康的饮料
- 吃健康的食品
- 上厕所的权利
- 生病的时候看医生吃药的权利
- 每天晚上睡觉的权利
- 有衣服穿
- 刷牙的权利

- 说话的权利

- 洗澡的权利

- 有家人和朋友陪伴的权利

第二个 R：来自英文单词 responsibilities（责任）的首字母，也就是：我要做的。作为对自己人生负责和周围人负责必须要做好的事情，这是享受特权的前提。

比如孩子的责任有这些：

- 每天练钢琴

- 学中文

- 做数学练习

- 画画

- 下棋

- 练习跆拳道

- 踢足球

- 在学校表现好

- 回家做作业

- 每天坚持阅读和写作

- 学习科学知识

- 学计算机技能

- 锻炼身体

- 帮忙做家务

（帮忙做家务是孩子家庭责任感的表现）

最后一个字母 P：来自英文单词 privileges（特权）的首字母，也就是：奖

给我的。凡是不是生活必须的,是提高生活档次和享受的东西,都在特权范围之内。特权是一部分人有机会获得,但不是所有的人都有机会获得的。绝不是从天而降的,必须要通过努力和工作获得的,否则特权是可以失去的。比如,孩子的"特权"包括:

- 玩电脑游戏
- 读他们喜欢的课外书
- 洗泡泡浴
- 买新玩具
- 度假旅游
- 参加夏令营
- 拥有自己的ipad和电脑
- 看电影电视
- 去餐馆吃饭

我们家的RRP用一个图表示就是:

属于我的(Rights)	我要做的(Responsibilities)	奖给我的(Rewards)
受教育的权利	每天练钢琴	玩电脑游戏
呼吸的权利	学中文	读他们喜欢的课外书
安全感	做数学联系	洗泡泡浴
喝健康的饮料	画画	买新玩具
吃健康的食品	下棋	度假旅游
上厕所的权利	练习跆拳道	参加夏令营
生病的时候看医生吃药的权利	踢足球	拥有自己的ipad和电脑
	在学校表现好	看电影电视
每天晚上睡觉的权利	回家做作业	去餐馆吃饭

续　表

属于我的(Rights)	我要做的(Responsibilities)	奖给我的(Rewards)
有衣服穿	每天坚持阅读和写作	
刷牙的权利	学习科学知识	
说话的权利	学计算机技能	
洗澡的权利	锻炼身体	
有家人和朋友陪伴的权利	帮忙做家务	

自从改变了思维模式和处理问题的方式，我们用RRP来划分孩子的权利、责任、和奖励。执行一段时间以后，他们之前出现的"特权心态"问题就迎刃而解了。孩子很少再动辄就要我们买新玩具或者要求玩父母手机了。取而代之的是另外一个心态，就是：自己努力争取，不靠别人施舍（Earned Not Given）。

自己努力争取，不靠别人施舍（Earned Not Given）是著名斯巴达勇士比赛的口号。斯巴达勇士赛项目来源于古斯巴达人军事训练传统科目，是一项风靡全球的顶级系列障碍赛。每年暑假，儿子都会参加儿童组的比赛。全程有4.4公里长，需要越过22个障碍，比如负重跑、翻越障碍、匍匐爬、爬绳子、趟泥水等。比完以后，孩子们可以获得比赛奖牌，感受不靠别人施舍，靠自己的努力获得的成就感。

至今为止，自己努力争取，不靠别人施舍的精神在我们家很受注重。孩子要想获得一定的特权和奖励，必须要先完成自己该完成的任务，先承担该承担的责任。习惯以后，我们家少了很多孩子跟父母讨价还价的情况，省了不少心。

| 思考工具 |

打破"应得特权"

您和孩子一起想一想哪些是自己的权利、责任、特权。

属于我的(权利)	我要做的(责任)	奖给我的(特权)

第六章 / 治得了毛病

童言童语

哥哥：妈妈，你在学校工作吗？

我说：对啊！我跟你在同一个学校。

哥哥：那妈妈你去学校能挣到钱吗？

妈妈：对啊。妈妈有工资。

哥哥对弟弟说：看到了吗？妈妈去我们学校可以挣钱，我们去就没有人给我们钱！

无聊病

现代人习惯于不停地忙，闲下来反而不知道做什么了。孩子也是这样，一旦有空余时间就不知道怎么打发。研究表明，孩子第一次接触电子产品，并未要求使用，而是父母主动给的。"妈妈，我很无聊！"特别是大人忙的时候，去餐馆的时候，等门诊的时候，在乘车的时候。

其实，当孩子说："妈妈，我很无聊！"的时候，等于在说："妈妈，我需要你的注意，我不喜欢现在做的事情！"

我把"无聊"当作礼物，孩子在学会处理无聊情绪的时候，学会靠自己来找事情让自己感兴趣，而不是靠外在的东西。比如，我们小时候，没有手机玩，就会想出很多玩的花样，无论是做手工、写小人书，还是学会捣鼓爸爸的工具箱，让我养成了对一切充满好奇的好习惯。无聊也是创新之母，据说很多发明都是发明家在"无聊"的时候发现的。另外，让孩子自己处理"无聊"，是告诉孩子：不要爸妈来帮你处理你的问题，你要自己独立学会处理问题。很多时候，爸妈稍微"懒"一点，孩子就会更加"勤快"一些。

那怎么处理"妈妈，我很无聊！"这个问题呢？在《让他们成为孩子：冒险、无聊、天真和孩子需要的其他礼物》(Let Them Be Kids：Adventure，Boredom，Innocence，and Other Gifts Children Need)这本书里，我找到了一些好办法。

首先，假装没有听到，因为一般孩子问几次，就会自己想办法了，渐渐地，他们知道这是他们自己可以解决的问题。最多应付一句："嗯，我知道了。"我们发现，不一会，孩子真的会自己想办法找事情做，要么拿起笔在画画，要么拿起一本书在读。当然，前提条件是家里到处摆满了书和画纸。

然后，对于可以预计的情况，比如要长时间乘坐汽车，或者要在医院候诊很长时间，提前做好预备工作。我通常准备一个特殊的包，里面有好几本孩子还没有读过的书、智力游戏挑战、一副扑克、可以画画的写字本子和各种颜色的笔。后来孩子自己也会加上象棋、乐高等。每次出门,我都问问,还有什么要带的?因为我希望他们知道,解决无聊问题,是他们的事,不是大人的事情。

接着,用家里的废弃鞋盒做"无聊盒",上面写着"我无聊的时候,可以做这些……"里面有各种事情,比如:

- 写一本儿童绘本故事
- 画一本漫画
- 在后院种花
- 编一首歌
- 搭一个新的乐高
- 做一张"感谢卡"
- 写一封信
- 出一套智力测试题目
- 把家里所有的书全部整理一遍
- 找一个新曲子练习钢琴

随着时间的推移,孩子自己不断往里面加事情。每当孩子实在找不到事情做的时候,就从"无聊盒"里抽出一个,然后去做。这样,孩子总有做不完的有意义的事情。

从一个人无聊的时候做什么,就可以预测一个人的未来。每天的自由时间如何度过,决定了人与人之间的差距。人最受不了的就是无聊,在感到无聊的时候,在有选择的情况下,如何选择?选择什么?优先选择什么?

作为家长，应该帮助孩子在无聊的时候做出明智的选择，至少在孩子还小的时候。接触了不少学生，感觉要让现在的孩子安下心来读书真难，孩子们往往喜欢追求"简单的快乐"，这种追究简单的快乐的思维其实是有害的。不少孩子总是期望付出最少的努力，但是获得最大的快乐。譬如电子屏幕、电脑游戏、电视，这些东西确实能带来短暂的快乐，而且确实在孩子无聊的时候，而父母又很忙的时候，这些是比较便捷的解决方案。但是，生活中大部分事情都是需要付出努力的，现在的青少年妥协于宁可获得少一点的收获，只要能少花一些力气。但是让人真正感觉到成就感和喜悦的并不仅仅是获得简单快乐的这一类活动，我们要做的不是消极地等待"快乐"发生来充盈我们，作为人，我们最终要追求更高层面的东西。

我们分享一个常用来跟孩子沟通的一个工具，就是"两种不同的快乐"。孩子经常问我们："爸爸妈妈，我们为什么那么辛苦地学游泳、练钢琴？"我们就做了一个这样简单的图。

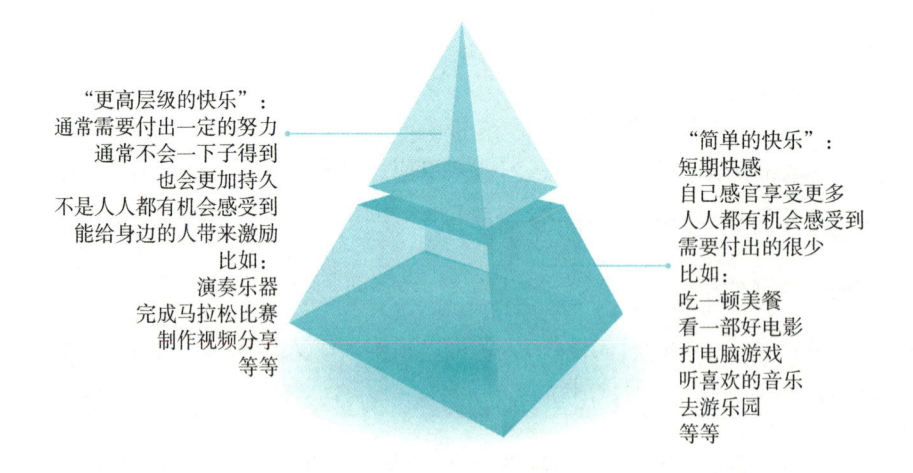

"更高层级的快乐"：
通常需要付出一定的努力
通常不会一下子得到
也会更加持久
不是人人都有机会感受到
能给身边的人带来激励
比如：
演奏乐器
完成马拉松比赛
制作视频分享
等等

"简单的快乐"：
短期快感
自己感官享受更多
人人都有机会感受到
需要付出的很少
比如：
吃一顿美餐
看一部好电影
打电脑游戏
听喜欢的音乐
去游乐园
等等

我们解释说:"世界上有两种快乐,我们可以给你简单的快乐,比如吃个冰淇淋、看个好电影,这些快乐是我们需要的,但是这种快乐是短暂的;我们也希望你们拥有更长久一些的快乐,比如完成一个乐曲以后的自豪感和荣誉感,或者获得在水中游泳、冰上滑冰的那种自由的感觉,但是需要你有一段时间的艰苦学习和训练。两种快乐都很重要,尤其是第二种。"

> **童言童语**
>
> 五岁的儿子自己雕刻了一个南瓜灯,他很得意。
>
> 爸爸鼓励他说:"是很了不起,I GIVE YOU SOME CREDIT(这是你的功劳)!"
>
> 儿子听了更加得意了:"YEAH! GIVE ME YOUR CREDIT CARD!(是啊,把你的信用卡给我吧!)"

跳出舒适圈

曾经参加一个学生的高中毕业典礼时,校长的一句话让我回味了很久:"我希望你们毕业以后,在人生中,定位自己的舒适圈,然后尽一切可能远离舒适圈!"这句话赢得了在场所有人的掌声。

曾经我见过一个这样的图:

| 思考工具 |

我家的无聊盒

你应该追寻的
有意义的生活
其实在这

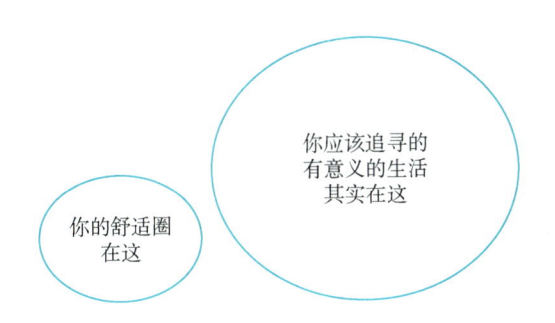

你的舒适圈
在这

在不断追寻的人生路上，我的发展得益于自己总能站在一个又一个的起跑线上，因此能幸运地见证一段又一段不一样的风景。其实，在走出舒适圈的同时，我们也在不断扩大自己的舒适圈。只有走出舒适区，才能遇见更好的自己。

随着孩子的成长，他们总是被我拽着参加一个又一个的兴趣班，情愿或者不情愿。让我印象最深刻的是滑冰。整个学习过程，就是伴随着一次次摔倒、爬起、摔倒、爬起，很长时间，他们都感受不到乐趣。但是，每次上完课，我都会把他们抱在怀里，恭喜他们又扩大了自己的舒适圈。果然，在一次同学的生日聚会上，他们惊喜地发现，生日聚会是在滑冰场进行。跟着同学一起在冰上快乐地追逐，他们觉得开心极了。回家以后，儿子高兴地拉着我的手问："我还想学新的运动。"是啊，世界之大之美，一定要敢于去拥抱、去探险、去体验，才会找到更充盈的人生。

那怎么才能带孩子走出舒适圈呢？

著名作家安·拉莫特的书《关于写作：一只鸟接着一只鸟》是我爱不释手的一本经典书。她在书中介绍：

"30年前，我的哥哥10岁，他第二天得交一篇关于鸟类研究的报告。

虽然他之前有三个月的时间写这份报告,可他一直没有进展。当时他坐在餐桌前,周围散置着作业簿、铅笔和一本本未打开的鸟类书籍。面对眼前的艰巨任务,他不知如何着手,简直快哭出来了。后来身为作家的父亲在他身旁坐下,把手放在他肩上说:'一只鸟接着一只鸟,小伙子。只要一只鸟接着一只鸟,按部就班地写就好了。'"

"一只鸟接着一只鸟"是一种人生哲学。就像如果你要完成一幅"百鸟朝凤"的壮景图,能做的,就是从画第一只鸟开始,一只接着一只,一定会完成这幅巨作的。

安·拉莫特把爸爸的教导谨记在心。在写作上,她一点点积累,哪怕每天只写十来个字。长此以往,总有一天,巨作一定会写成。安·拉莫特说:"短任务的概念提醒我们,所要做的就是尽可能多积累。"

"小进步"或者"短任务"蕴含着大智慧。我给孩子走出舒适圈的建议是:每天尝试一些舒适圈以外的新事情。喜欢音乐,那就尝试每天去看一些乐理的知识,不多不少,有收获就行;喜欢文字,那就尝试每天写一些日记,不需要很深刻,能把今天的事情说清楚就行;喜欢读书,那就尝试每天半小时读一章节等等。多尝试这些看似不起眼的新事情,你会意外发现每天的生活充实许多。而在不断尝试的过程中,一步一步走出舒适圈,一个月之后再回首,你会发现自己改变了很多。生活中很多的不可思议,都是在不起眼的尝试中发生的,勇敢尝试新事物,你一定可以跳出舒适圈。

犹太裔小说家、编剧埃德加·劳伦斯·多克托罗也有过类似的思考。他说他写作的时候,"就像晚上开车。虽然你只能看到你的前灯能照到那

学会打扑克	
骑车5公里	
画一幅油画	
学做一道菜	

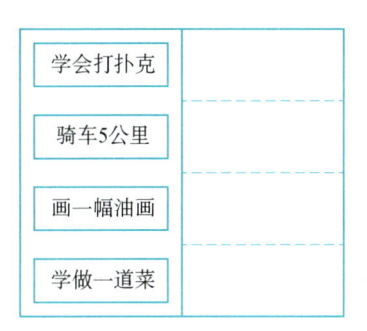

么远的地方,但是,只要顺着路的方向,你就可以走完整个旅程"。这是一个非常有意思的概念。我特意查过,大多数车灯的近光灯照射距离是30—40米左右,远光灯的照射距离是100米左右。如果照射距离太近,晚上开车所能看到的距离也近,不利于行车安全。如果照射距离太远,因为光照强度有限,整个前方的道路都会显得不明亮,地面上低矮的物体和坑洼地方会看不到,也不利于行车安全。而最好的距离是30米的样子,能在危险时刻给开车的人2秒的反应时间。"你只需要看到前方30米的地方,顺着路,继续走下去就好。"这是我听过的关于生活的最好建议,这也正是安·拉莫特的建议。一寸一寸,一鸟一鸟,一行一行,一幕一幕,一帧一帧地移动,专注于小任务的完成就好。"小进步"对实现宏伟目标有着巨大的推动力。这个决策方式的精髓是化大为小,把大型目标打碎,通过一个个极小的改进,经过长时间的积累后产生叠加效应,最终水到渠成地实现雄心勃勃的梦想。千里之行,始于足下;聚沙成塔,集腋成裘的大智慧,莫过于此!

在培养自己孩子的"微习惯"和"小进步"思维的时候,我用的工具是

"翻翻书"。在操作部分,我提供了两个模版,一个是分为四部分,一个分为七部分。这个模版很容易做,家长可以根据需要调整。跟孩子写一写哪些是他们希望自己能有"小进步"的地方,比如学会一个新的游泳姿势、学会下一种新的棋,学会新的画画技巧,读一本以前没有读过的书等等。在每一个格子上,写一个新的任务或者目标。比如,大儿子曾经列出四个目标:学会打扑克、一次骑车五公里不停下来、画一幅油画、学做一道菜。我就写下来,剪下虚线部分,每完成一项,就可以翻过来盖住,然后在上面写上:我完成啦!四项事情全部完成的时候,全家一起庆祝!

童言童语

让儿子懵圈的瞬间:

儿子完成了钢琴练习,妈妈很开心:"不错,去贴个创可贴吧!"(本来要奖给他贴纸的……)

儿子:妈妈,我冷!

妈妈:哦,那去把被套穿上!(本想说把外套穿上……)

第六章 / 治得了毛病

| 思考工具 |

翻翻书-我完成啦！

收得住情绪

第七章

你有多少种情绪？

曾经，爸爸程毅问过一个让儿子抓耳挠腮的无厘头问题："你有多少种情绪？"大儿子脱口而出："10种！"数学上面有点小聪明的小儿子深思了很久，然后很认真地告诉爸爸："考虑到有不同的组合，我觉得有100种！但是大部分我不知道叫什么名字。"

我也好奇地凑了过来回答："我想至少有上千种吧？"

人到底有多少种情绪？您有一个答案吗？

有时候我想：我们常常说风情万种，风情能有一万种的话，那么情绪是否也可以有一万种呢？别说孩子的情绪难管理，就连大人也会经常有情绪、不高兴，甚至失控。

其实很多时候我们并不懂得如何标签我们的情绪，情绪来的时候也很突然，这不仅仅是孩子们的问题，很多成年人也面临着情绪失控和抑郁压抑的问题,很多时候就是莫名其妙的不高兴,陷入了一种自己也说不清楚的情绪中,忽然之间,天昏地暗。

为什么很多时候我们说不清自己的感受?有可能这种感觉刚刚开始,我们还不能确定接下来会发展成什么。比如说,有时候我儿子会突然觉得喉咙发紧、四肢颤抖、心跳加速,但是他也说不清是紧张还是焦虑,还是因为兴奋。还有一个原因就是,可能一种情绪混杂了其他的情绪,比如"愤怒的眼泪"里面既有生气,又有伤心。当然,还有些情绪,连名字都没有。比如下面三种情绪您想想可以怎么命名?

情绪一:朋友的宴席上,在地位较高的人面前突然感到的压抑、尴尬和疏远。这既不是自卑,也不是生疏,但是就是那么一瞬间,觉得有点不自在。

情绪二:在熙熙攘攘的城市街头,站在那里,突然觉得自己完全不属于这里,眼前的热闹跟自己也没有丝毫关系,有点像被世界遗弃和忘记的感觉。

情绪三:明明刚刚饱餐一顿,但是还是觉得心里空空的,有点饿,还想继续吃东西,但是又不知道该吃什么,于是在厨房里晃悠着找吃的。

这些都是心理学上能解释,但是无法命名的情绪。

其实情绪是非常正常和自然的感受和体验,无论什么情绪,都有其存在的意义。而对负面情绪的否认,以及不恰当的处理方式,往往容易造成误解和伤害。所以回到前面的那个问题,人到底有多少种情绪呢?

科研表明:最常见的情绪有 27 种。您猜对了吗?

还记得孩子小的时候,一般的情绪我都可以解读,饿了,困了,拉粑粑了,一般都能猜得出来。但是孩子两岁左右的那段时间会无缘无故发脾气,大哭大闹,面对宝宝的"无理取闹",很多时候我都摸不着头脑,不知道怎么处理。

毋庸置疑,每天带娃的爸妈一定觉得"伴君如伴虎"!有时候,孩子情绪高昂、玩性大发,有时候特别恼人,可以把人给急死,有时候就突然沉默安静,让家长心里觉得隐隐不安。问孩子,他们却说不清楚到底怎么了。小孩子在遇到情绪时,往往只会翻来覆去说"不开心、难受、不高兴、好烦",仿佛在他们的世界里,情绪只有两种,一种是高兴,另一种是不高兴。

情绪是自然的体验和感受,但并不是所有人天生就能分辨自己所有的情绪。我接触的孩子,包括青少年,很多孩子在有负面情绪的时候,都说不清楚自己感受的是什么。人对自己情绪的察觉力越高,越容易管理自己的情绪。如果当情绪来的时候,人完全不知道自己身上发生了什么,谈何应对?

那么如何教孩子用语言来认识和处理情绪呢?我有两个建议:

(1)通过丰富词汇量以及其相关联的含义和意义,来帮助孩子更加贴切的选择描述情绪的相关词汇。

在平时生活中,家长可以留意身边关于情绪的素材,有意识地丰富孩子关于情绪的词语,无论是正面情绪还是负面情绪。譬如,教孩子认字时加入一些情绪词汇,在给孩子讲故事的时候加上描绘人物情绪的部分。平时和孩子对话时,可以尝试替换不同的词语去描述一种情绪。

小儿子晚上不肯睡觉,但是早上的时候又起不来,我就会说:"如果你不早一点睡觉,明天早上就会起来得晚,因为你又要洗澡又要换衣服,还要收拾好书包,那时候你一定会很忙乱,心情也一定会很着急!"

"当你有礼貌地问话,比如加上'请'和'谢谢',爸爸觉得你很懂事,是懂礼貌讲文明的小朋友,爸爸就感觉很骄傲很自豪!"

"当你拼图拼不出来,或者发现缺了一块拼图的时候,你心里是不是特别的着急和难受,因为差一点就成功了?"

在孩子语言能力还有限的时候,用这些描述性的语言,会帮孩子找到合适的语言表达。有一次,妈妈晚起了 10 分钟,一下子感觉特别忙碌,因为要准备孩子的书包,要准备早餐,还要准备自己的备课资料。在一声声的催促和怒吼声中,小儿子都差点吓得哭了。这时候,我听到哥哥安慰弟弟:"妈妈今天起床晚了,但是还是有很多事情要做,她肯定很着急,所以就提高了嗓门。弟弟放心,不是妈妈不爱你了。"那一刻,我马上明白了,自己急火火的样子,在孩子看来,就是妈妈不爱他了。妈妈觉得愧疚,赶紧把孩子抱过来,一边道歉一边告诉他们"我爱你"。

(我经常对孩子说"我爱你",孩子也渐渐学会表达自己的爱。)

(儿子父亲节送给爸爸的礼物)

(2)利用不同的方式去加强孩子对词汇的理解。

平时有机会,可以帮助孩子加强对某一类情绪的理解,譬如,孩子喜欢发脾气,可以买一些针对"生气"的情绪的绘本给孩子。

大儿子在某段时间内,经常容易生气,并且时不时濒临情绪失控的状态。针对男孩子情绪的绘本《山姆的宠物小怪兽》(*Sam's Pet Temper*)是我常带孩子阅读的书。书中讲述了小男孩山姆从认识、纠结、到最终学会调整自己的脾气的过程。记得孩子小的时候,回家气鼓鼓的,明显受了委屈,但是又不跟家长沟通。妈妈就买了几本绘本故事,从讲故事开始,分析书中人物的经历和情绪,来引导孩子说出自己的想法。

我的眼里只有你

常年需要加班和出差的爸妈有个烦恼:陪孩子的时间很少,回到家里,孩子跟自己不亲近。怎样才能拉近跟孩子的距离呢?同样,有两个娃的爸爸妈妈会纠结:两个孩子时常争宠,应该怎么办呢?孩子越大越沉默,跟父母的共同话题越来越少,怎么才能重新找回当初跟孩子的亲密感?上面两种情况是我们家真实的烦恼。在一次亲子课上,我学到了一个好办法,我称之为"亲子十分钟"。跟大家分享,看看您是否也可以在家里使用。

什么叫"亲子十分钟"呢?亲子十分钟就是每天利用这宝贵的十分钟时间,跟孩子有一个独处的、没有干扰的、高质量的陪伴时间。

怎么做呢?首先,找一个您和孩子都有空闲的时间,可以是午餐之后的十分钟,也可以是睡前的十分钟,一个家长陪伴一个孩子。这怎么解释呢?也就是如果您有两个孩子,您需要单独抽出两个十分钟,分别陪伴两个孩子。我们家的两个孩子都是男孩,年龄相差不大,所以我们经常喜欢做什么都一拖二,这样方便省事。但是,其实每个孩子都需要爸爸妈妈单独的关注,所以最好能分开陪一下孩子,满足他们获得全部关注的需求。

如果可以,每个孩子能跟爸爸和妈妈单独相处效果最好。爸爸和妈妈在孩子的生命中扮演的角色是不一样的,孩子从爸爸和妈妈那里学到的东西也是不一样的。爸爸喜欢带孩子运动、下棋、打牌,而妈妈则是喜欢陪着聊天。在这难得的十分钟里,尽量不要分心,关掉手机和电脑,让孩子感觉这一刻他就是你的全部。

最重要的是,这十分钟最好由孩子来主导,让孩子决定这十分钟他们最喜欢什么。比如,我的大儿子子曰喜欢跟我坐在沙发上聊天,聊的话题都是他喜欢的,比如哪位明星啦,哪部电影啊,哪个好玩的视频啊,妈妈只充当一个听众。而老二子涵喜欢跟爸爸骑车,在小区里转悠几圈,能让他感到极大的满足。孩子有的时候会要求我们利用这十分钟陪他们打电脑游戏,虽然我们不喜欢打游戏,但是只要能增进了解和交流,我们也愿意去陪玩一些我们认为没有价值的东西。我们尽可能用行动告诉他们:"我在乎你!我的眼里只有你!"如果爸妈把这十分钟变成一个"一言堂"的说教或者批判大会,孩子很快就会避而远之。

在有两个孩子的家庭,两个孩子之间争宠吃醋是在所难免的。但是,我们提前约定,在彼此的"亲子十分钟"内,另外一个人必须要乖乖离开,不能过来打扰。否则,另外一个人就会面临小小的惩罚。刚开始的时候,在哥哥的亲子十分钟时间里,弟弟总是忍不住窥视,担心爸爸妈妈给哥哥特别的爱和礼物;而弟弟的亲子十分钟,也总被哥哥打扰。过了一段时间以后,他们发现其实自己也没有得到更少的爱,慢慢放心多了,也就不再彼此打扰了。如果哥哥有时候跑过来,弟弟会大声说:"这是我们的亲子十分钟!请你走开!"哥哥则会自动离开。因为,他们已经知道,这十分钟是每个人都有的特权,神圣不可侵犯。

"亲子十分钟"在我们家已经实施了两年,效果很好。其中的一个原因就是我们从来没有间断过,这个传统一直在保持。哪怕我们出差,孩子都有机会通过视频和电话,跟爸爸或者妈妈聊一聊自己最感兴趣的话题。

后来,我们给了孩子更多的权利,每当他们感觉不开心或者压力大的时候,都可以跟爸爸或者妈妈说:"我可以单独和你聊聊吗?"很多时候,哥哥需要的就是几个大大的拥抱,弟弟则是需要听到我们肯定的言语,让他重新找回自信。有时一天之内,他们会要求好几次单独相处的机会,我们都尽可能满足。因为,孩子小的时候,是渴望跟爸妈多交流的,到了青少年,遇到问题,就很少会找爸妈了,所以我们特别珍惜这些机会。

有时十分钟太短,不能充分满足他们的情感需要,我们会尽可能灵活处理,让孩子决定什么时候结束。当然,我们也有言在先,如果我们有会议或者其他的事情,只能再约时间。

久而久之,我们也习惯了跟孩子们的这些美好亲子时光。大人自己的工作压力很大,或者遇到烦心事,跟孩子无拘无束地玩一玩,自己也得到了放松和解脱。

"亲子十分钟"后来被我们夫妻借用过来，变成了"夫妻情感沟通十分钟"。我们也会利用散步的十分钟、睡前的十分钟，或者工作之余的十分钟聊聊天、说说心里话，增进了解。

> **童言童语**
>
> 儿子早上醒来。
> 妈妈问他："宝贝，你做了美梦吗？"
> 儿子回答："妈妈，我的脑袋装满了，没有办法做梦了。"

你的帽子是什么颜色？

我记得有一次参观一个中学，听了一堂难忘的历史课。

老师开始就告诉大家："历史从来都是赢家书写的。如果我们能从六个不同的角度来看待任何一段历史，我们不仅能学会更加公正地看待历史事件和人物，更能辩证思考时事，不会盲从。"

接着老师给大家介绍了"六顶思考帽"，告诉孩子，可以分别从六个不同的角度来看待问题。六顶思考帽分别有六种不同的颜色，也代表了六个不同的看问题的角度：

白色思考帽：中立、客观，关注客观的事实和数据。

黄色思考帽：价值与肯定，正面考虑问题，表达乐观、建设性观点。

黑色思考帽：否定、怀疑、质疑，合乎逻辑的批判，负面意见，找出错误。

红色思考帽：情感色彩，表现情绪，表达直觉、感受、预感等方面的看法。

绿色思考帽：创造力和想象力，创造性思考、求异思维，寻找新的突破口。

蓝色思考帽：规划和管理整个思考过程，并做出结论和决定行动方案。

红色思考帽
情感色彩，表现情绪，表达直觉、感受、预感等方面的看法

黑色思考帽
否定、怀疑、质疑，合乎逻辑的批判，负面意见，找出错误

白色思考帽
中立、客观，关注客观的事实和数据

六项思考帽

绿色思考帽
创造力和想象力，创造性思考、求异思维，寻找新的突破口

蓝色思考帽
规划和管理整个思考过程，并做出结论和决定行动方案

黄色思考帽
价值与肯定，正面考虑问题，表达乐观、建设性观点

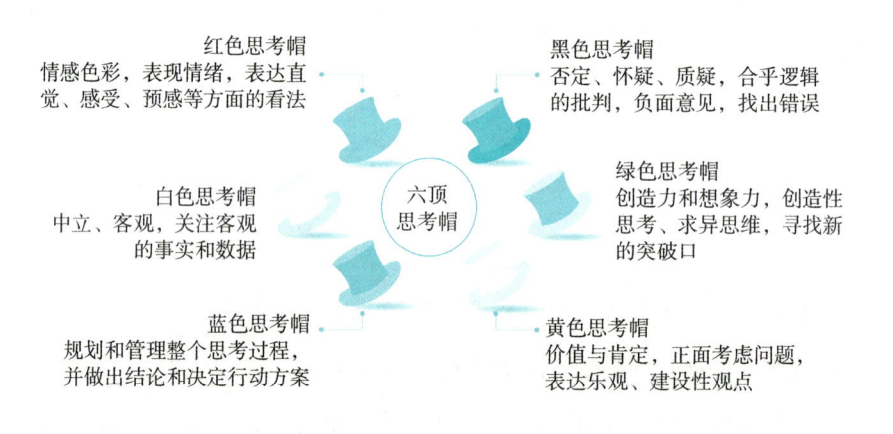

课堂的主题是：第二次世界大战对人类的影响？

按照不同的思考帽，孩子们被分到不同的小组里参与讨论。老师始终都是蓝帽，把控全局。分到黑色小组的同学，必须讨论二战给世界带来的冲击和破坏；黄色小组的同学，则是讨论二战让世界进步发展的方面；白色

小组的同学只关注最客观的事实和数据；绿色小组的同学讨论二战带来的创新和发展，而红色小组的同学着重讨论二战中不同人的经历。

第一轮讨论之后，大家分享讨论的结果；接下来老师进行了第二次分组，把不同颜色，也就是不同观念的人放在一组，大家学会从更多不同角度来探讨问题。

最后，当学生们熟悉六种"思考的帽子"之后，他们反思自己，一般情况下，自己的想法是从哪个角度，也就是哪个颜色出发比较多。通过这个过程，学生们学会了更加理性和全面地看待问题。

这堂历史课参考了爱德华·波诺博士的代表作《六顶思考帽》。这本书被译成几十种语言，行销世界各地，在企业界、教育界和政界得到了广泛的推广和肯定。"六顶思考帽"思维方式强调的是有哪些不同的看问题的角度，而不是争论谁对谁错。看任何事物，都要从多方面多角度进行思考。

六顶不同颜色的帽子使我们复杂的思维过程形象化，帮助我们摆脱单一思维。通过看到不同的角度，避免彼此观点的对撞，让大家都有一个深思熟虑的过程。

在我们的家庭生活中，"六顶思考帽"一直在被使用。我们跟孩子介绍了每顶帽子的不同之处：

黑色思考帽象征着否定、批评，帮助我们发现缺点，做出评价。有什么错误？这件事可能的坏结果是什么？哪里有问题？

白色思考帽代表中立而客观的信息、事实和数据。白色帽子关注的问题是：我们现在有什么信息？我们还需要什么信息？我们怎么得到所需要的信息？

红色思考帽代表热烈的情绪，是对某种事或某种观点的预感、直觉和印象。红色帽子最关注当时的直观感觉。

黄色思考帽代表阳光和乐观，是事物积极性的一面。在使用黄色思维时，要时刻想到以下问题：有哪些积极因素？存在哪些有价值的方面？这个理念有没有什么特别吸引人的地方？这样可行吗？黄帽的问题是：优点是什么？利益是什么？

蓝色思考帽有着天空的颜色，有纵观全局的气概。蓝色思维是"控制帽"，用蓝帽来定义目的、制定思维计划，观察和做结论，决定下一步。蓝帽的提问是：下一步是什么？怎么执行？

绿色思考帽有象征生命的颜色，是充满生机的，允许人们做出多种假设。使用绿色思维时，要时刻想到下列问题：我们还有其他方法来做这件事吗？我们还能做其他什么事情吗？有什么可能发生的事情吗？什么方法可以克服我们遇到的困难？绿色思维可以帮助寻求新方案和备选方案，修改和去除现存方法的错误，为创造力的尝试提供时间和空间。用一句话来说，与绿色思维密切相关的就是"可能性"。

当我们讨论问题的时候，我们先都从一个角度，也就是戴一顶帽子来思考，比如都一起用黑帽（一起考虑风险），一起用绿帽（一起考虑创新）。这样思考的好处就是大大减少了思维的冲突和碰撞，很容易先从共同点出发。在讨论过程中，往往会出现妈妈在说背景信息，爸爸在说风险，儿子在表达情绪的情况，用了六顶思考帽的方式可以大大化解这种冲突的发生，让大家劲往一处使，同时也自然优化并加速了讨论进程。然后，我们再戴上不同的帽子,把事情的方方面面都考虑到。

下面我分享一个家庭实例。有一天,在吃早饭的时候,小儿子子涵很自豪地回忆起他曾经在围棋课上拿了一个奖杯。这是很久前的事情了,他提出来是表示他围棋下得还不错,得到过一些殊荣。大儿子子曰马上更正他道:"第一,奖杯是人人都有的,上课的都有,不是什么了不起的事情。第二,奖杯是很便宜的塑料奖杯,又不是什么贵重东西,所以没有什么价值。"

任何一个妈妈都可以想象到,子涵听了以后特别不高兴,一着急就伸手打哥哥。哥哥子曰则马上向我们求救:"妈妈,难道我说的不对吗?我说的是事实啊!"

此情此景,我想到了我们夫妻的争吵。每当我乐滋滋地跟先生分享一个愿景或者计划时,他都会很理智地分析:"没有你说的那么好吧?这个东西有很多弊病和问题的。"当然,其结果是我赌气不跟他说话,而爸爸则丈二和尚摸不着头脑:"我们只是就事论事,又怎么冒犯你了?"

双方都很委屈,双方也不得其解。于是,这天我们试着戴上六顶帽子,综合全面地看待一下我们之间的分歧。原来是:

在这件事中,子涵戴的是黄色和红色的帽子(我很自豪,我很自信自己能拿到奖杯),而子曰戴的是白色的帽子(事实是奖杯是塑料的,而且人人都有);在我们夫妻的例子里,我戴的是黄色和绿色的帽子(新的发展方向,新的动力和希望),先生戴的是蓝色、白色和黑色的帽子(会带来的负面效果是什么?如何实施?)。其实我们都没有针对彼此的意思,只不过看事情的角度不同而已。沟通清楚,这样能更加了解彼此的侧重点,化解一些不该有的不快情绪。

六顶思考帽的使用相当灵活，既可以单独使用，也可以提前设定顺序或者按照自然发展情况随机综合使用。每顶帽子设定使用时间比较好，可以避免在争论不休上浪费时间。在使用时，要求所有人必须同时戴同一顶思考帽，这样更容易达成共识。比如在我们看待问题的分歧上，可以同时戴上黄色帽子（憧憬美好的一面），也可以同时戴上黑色帽子（共同分析有弊病的一面），这样更便于看到彼此的观点。

永远记住，事情有至少六个不同的角度，甚至有时候还有更多的角度，这样才能帮助我们全面了解情况。

| 思考工具 |

六顶帽子分析法

黑色
否定、怀疑、质疑，合乎逻辑的批判，负面意见，找出错误

白色
中立、客观，关注客观的事实和数据

红色
情感色彩，表现情绪，表达直觉、感受、预感等方面的看法

蓝色
规划和管理整个思考过程，并做出结论和决定行动方案

绿色
创造力和想象力，创造性思考、求异思维，寻找新的突破口

黄色
价值与肯定，正面考虑问题，表达乐观、建设性观点

六方面分析

红色思考帽：

黑色思考帽：

蓝色思考帽：

绿色思考帽：

黄色思考帽：

白色思考帽：

遇到问题从六个方面来分析

白色帽子：分析事实和数据	红色帽子：表达情绪和情感
黑色帽子：发现问题和陷阱	黄色帽子：强调优点和正面

续　表

绿色帽子：发现希望和契机	蓝色帽子：制定计划和方案

逮得到幸福

第八章

家是另一个学校

在美国,每年十一月份的最后一个星期四是感恩节,是美国很重要的节日。有一年感恩节,我的一个巴基斯坦裔学生送给了我一个木头制的大象礼物。在礼物包里,有一张卡片是这么写的:

(学生送给我象征吉祥的大象木雕)

"刘老师您好!我希望你过了一个很好的感恩节,同时也希望你喜欢我送给你的礼物。这是我从巴基斯坦带来的手工做的一个木象。尽管大象在巴基斯坦已经绝迹,在亚洲,特别是在印度(巴基斯坦的邻居),大象很重要。大象在交通还有其他方面,对我们帮助很大。我希望你喜欢它!"

对于这份特别的礼物,我特别珍视,不仅是因为从学生这里学习了新的文化,更重要的是,这份感恩节的祝福,让我心里特别温暖。

感恩节可以追溯到很久以前,首批到达美洲的移民,在本地印第安人的帮助下,获得丰收。在欢庆丰收的日子,按照宗教传统习俗,大家为了感谢上帝以及印第安人的真诚帮助,邀请他们一同庆祝节日。因为感恩节跟中秋时间接近,于是被我们当做跟中秋佳节同样重要的节日来庆祝。而对在海外的华人们来说,既然感恩节这几天放假,大家正好有时间相聚在一起把酒言欢,共同分享对生活的感悟,也是一件很开心的事情。

2019 年,我们几个华人家庭相约在一起,共庆感恩节。有的家庭准备了令人垂涎欲滴传统的烤火鸡,有的家庭准备了香甜可口的南瓜派,而我们带上了自己包的饺子,跟大家在一起过一个中西合并的节日。在这次聚会上,我们就感恩和幸福进行了很多探讨。

两个幸福公式

华人孩子在美国被称为"优秀的少数族裔",那是因为华人家庭普遍都重视教育。全世界都一样,重视教育的程度跟父母的焦虑程度仿佛成正比。

席间有个妈妈抱怨说:"现代社会对妈妈们的要求也太高了!既要求我们经济独立,还要求我们照顾好家庭。爸爸在对孩子养育中基本缺位,我们能不焦虑吗?怪不得很多人说,现在很多家庭,就是一个失控的孩子,一个焦虑的妈妈,还有一个缺失的爸爸。"

作为老师,我感同身受。妈妈焦虑的火焰,不仅燃烧了孩子,燃烧了家庭,甚至已经蔓延到了学校。有的妈妈们除了在家努力地辅导孩子作业,还要不断地叮嘱学校老师:"要让孩子多喝水,天热了要记得脱衣服,吃饭的时候要提醒孩子细嚼慢咽,水果加餐的时候问孩子有没有洗手。"俨然,老师在焦虑妈妈的眼中,已经成了保姆的代名词。

程毅说:"我们研究了一下,以下四类家长最容易焦虑。为了方便理解,我们分别以四个人物代表他们的经历,请各位焦虑的爸妈对号入座。"

他说的四类家长我们在朋友圈里都遇到过。

第一类叫做"失败的成本太大了"。

小琳从非一线城市起步,通过智力打拼刚刚在一线城市站稳脚跟,还没有达到大富大贵。她深知奋斗的艰辛,因为自己的每一次升学,都见证了身边大量被淘汰的同龄人的命运。她深深恐惧自己的孩子,将会成为当年那些"被淘汰"的小伙伴,觉得"一定不能让孩子失败"。

第二类叫做"心态上输不起"。

小灿自身是竞争的强者,并享受做强者的过程。她性格往往比较争强好胜,不能容忍孩子不像自己这样充满斗志,有些"恨铁不成钢"。她认为,如果孩子不能像自己一样脱颖而出,完成阶层跃迁,就是人生的失败。

第三类则是"大环境下的攀比心"。

小高总是对自身不够满意,且争强好胜、喜攀比,总是忍不住跟同事和邻居比孩子。她的典型思维就是"不患贫,患不均",如果自己的孩子在某一方面突出的话就会很满足,但是只要发现自己孩子在某个方面不够优秀,就很容易患得患失。

最后一类则是"控制欲太强"。

小丽觉得孩子不够优秀就是因为自己没有控制好,而这种失控的感觉让她很焦虑。她喜欢窥视和掌控孩子的方方面面,和孩子关系也比较紧张。事情一旦超出自己的掌控,或者孩子有所隐瞒,就容易勃然大怒,不允许孩子违背自己的意志或者挑战自己的权威。

而我们自己,难道不是也常常担心孩子会输在起跑线、输在路途中?仿佛只有不断操控,给孩子计划好一切,才能保证他们未来的幸福和快乐。

这时,一位在场的家长朋友反驳说:"我觉得也不是所有的父母都焦虑。经过观察,我们发现也有这样一群看似比较淡定的家长。"

他说,有的爸妈都是成功人士,已经接近财务自由,对孩子的期望比较多元,不固执于一面,所以他们不太焦虑。也有的爸妈文化水平一般,家庭条件有限,平日工作很忙,对子女没有太高期望,也不怎么为孩子焦虑和操心。还有天生乐天派夫妻,孩子成绩出现问题至多焦虑一两天,之后又忙着自己玩,带孩子玩,更在意孩子是否快乐,不在意比拼,所以不怎么焦虑。当然,也有没有责任心、极不负责的父母,人数虽然不多,但是落在哪个孩

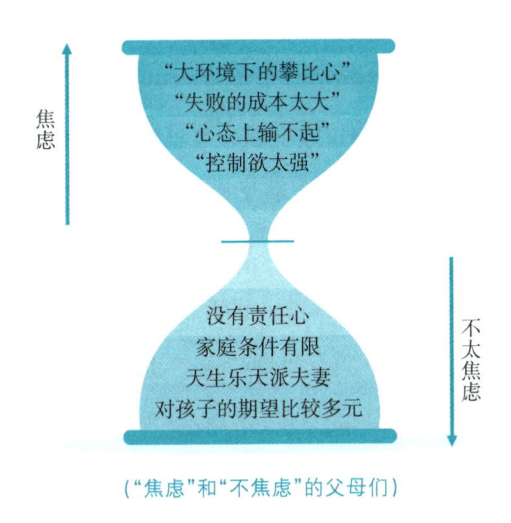

焦虑
"大环境下的攀比心"
"失败的成本太大"
"心态上输不起"
"控制欲太强"

没有责任心
家庭条件有限
天生乐天派夫妻
对孩子的期望比较多元
不太焦虑

("焦虑"和"不焦虑"的父母们)

子头上,对于那个孩子而言都是百分百的灾难。

当然,一定剂量的"焦虑"是正常而且必要的。我们生活在一个变化很快的世界,周围环境总是在发生着翻天覆地的更新。我们的眼界在变化,知识也在增长,所以才有了更多的思考和行动。

看来"焦虑"这个话题能一下子抓住家长们的心。

小阳的爸爸认为:

"现代的父母受教育程度提高了,所以对于教育的要求也更高。在物质匮乏的年代,'养育'儿女中的'养'字可能是最大的问题。现在物质条件好了,温饱已经不是头等大事。'养育'两字中的'育'被充分的重视起来;父母如何在家庭教育中更好地培养孩子,以及'教养'两字中的'教',也成为父母的关注点,对教育的质量和多元化的要求不断提高。其实每一代父母有每一代特有的焦虑,过去很多父母焦虑的是如何将孩子养活,现在父母焦虑的是如何将孩子养好。"

小阳爸爸的话音未落,小晶的妈妈马上补充道:

"计划生育政策也对焦虑有影响,譬如,以前的一个家庭有多个子女,兄弟姐妹很多,那么家族的期望可以放在所有孩子的身上。中国传统社会也是大家庭中的强者帮助弱者,大家互相提携。独生子女阶段,所有的期望都押在一个孩子的身上,焦虑不放大是不可能的。即使开放二胎后,由于养娃高成本的时间精力资源的付出和带娃的日益精细化的趋势,我只能望而却步了。生一个都操碎了心,生两个怎么养得起啊?"

小亮的妈妈叹了口气,举起手机,仿佛在控诉:

"在社交和通讯发达的今天,信息越透明,'比较'也就变得越容易。原来小老百姓只看得见身边小天地,现在普通人都能通过网络、微信朋友圈看到别人的生活,甚至加剧了对所谓好的生活的想象,所以焦虑进一步加重了。我刚在微信朋友圈,看到其他父母各种花式晒娃,给孩子同时报名好几个兴趣班。一圈看下来,觉得不给孩子学这学那,好像自己挺不称职的。但是算算收入和存款,我只有叹气的份了!"

"哎,"小涵的爸爸接过话茬,"我们家的孩子真的不是学霸类型!我感觉,现在对孩子是否成功的评判标准过于单一了,在高考的指挥棒下,过度强调学习成绩,简单粗暴地把学习成绩作为衡量孩子的唯一标准。很多时候,我们对孩子的其他优点、特质和进步视而不见。其实,我们应该调整心态,将单一的预期多元化,这样才有助于缓解焦虑。"

小亮的妈妈听了,马上回复:"至少你们家还有个爸爸在操心,我家的爸爸,恐怕连孩子现在读几年级了,都完全不知道!"

我在旁边默默地听着,非常感同身受。是啊,焦虑,俨然成了现在家庭氛围的主旋律。孩子贪玩,影响学习,焦虑;孩子对什么都没兴趣,焦虑;孩子粘着自己,焦虑;孩子和自己不亲,焦虑;孩子内向,不善交际,焦虑;孩子话多,活泼好动,焦虑;孩子不听话,管不住,焦虑;孩子太听话太乖了,没主见,焦虑;孩子看到玩具要买,怕过分满足,焦虑;孩子对什么都不感兴趣,焦虑;总之,各种焦虑的理由不停地冲击着每一个父母的神经。

面对铺天盖地的焦虑氛围,我只能寻找自己的应对方式。在长期的自我心态调整以后,自创的两个幸福计算公式仿佛让我的生活轻松了很多。

第一个幸福感计算公式是,当现实恒定的条件下,人的幸福感其实取决于期望值,所谓没有希望也就没有失望。现在中产父母的焦虑感,很大程度上来自对孩子的期望值设置过高,仿佛不通过努力实现阶层突围跻身上流社会,就是失败的人生设计。

这个公式是这样的:

> 幸福感 = 现实 - 期望值

想一想:

如果你期待吃到牛排,你却只有白米饭,你的幸福感是负值。

如果你期待吃到牛排,而且真的可以吃到鲜嫩的牛排,你很幸福。

如果你期待吃到牛排,现实是不但有牛排,还是日本进口的正宗的雪花牛肉,还是在一个高级餐厅,最棒的是别人请客,你一定会幸福感爆棚。

当现实恒定的时候,稍微理性地降低期望值,会让自己内心平和很多。

我记得带孩子去参加冰球班的时候,本来我只是希望孩子有机会体验一下新的体育运动。结果教练从头到脚打量着我的孩子,眼中充满了怀疑和不解,然后说:"学冰球要从三岁开始,首先需要好几年的滑冰训练,然后才进入冰球训练。你的儿子已经六岁了,已经晚了!"我当时真是从头凉到脚!我的孩子才六岁,就已经在一项体育运动上被"宣布死刑"了!那还有多少爱好,他已经"晚了"呢?

带着孩子悻悻离开以后,我觉得一万个对不起儿子!不就是想学个运动项目吗?我怎么感觉我已经耽误了孩子的一生?

在车里坐了好一会,我终于冷静下来了。不就是儿子进不了冰球队,没什么大不了的!人生如果可以享受冰球当然很好,如果享受不了,他还有无数的机会体验其他乐趣呢!后来,我给孩子买了旱冰鞋,他自己扶着墙慢慢练。有一天，他可以稳定地从一个小斜坡滑下来，我在斜坡下方接住了他，我们开怀大笑！没有比赛和奖杯，只是自己乐一乐，这何尝不是一种幸福？

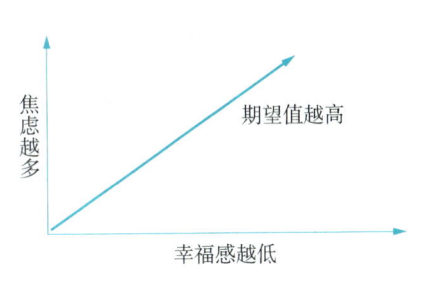

所以说，人的幸福感是跟期望值成反比的；而焦虑是跟期望值成正比的。当焦虑不能解决问题的时候，适当降低期望值，日子还是可以过的。

明白这个以后，我明显减少了焦虑感。比如，暑假快要来临了，面对一大堆的培训班宣传资料，我马上血压升高，一边为高昂的培训班学费担忧，一边还担心小祖宗们不接受培训安排。

在深呼吸三分钟后，我找来两个儿子，坦言暑假希望孩子们可以上各种培训班，这样才不至于浪费时间，但是不知道这样的期望值是不是"发烧"，所以希望问问儿子，他们觉得适合的"温度"是什么。

儿子们刚开始还摸不着头脑，于是我出示了一个自创的"温度计。"

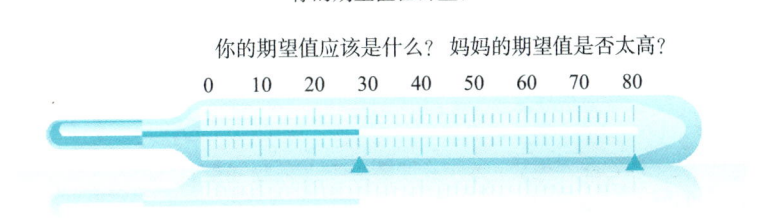

这个温度计的一端是"妈妈的期望值是否太高"，太高的期望值容易造成"发烧"的不健康状态；另外一端，是孩子的期望值，检验是否"太低"，因

为期望值太低,比如老想着玩,不学习,也是不健康的状态。而通过量一量彼此的期望值,我们能找到一个合适的、中间应该有的"健康"状态。

解释完了以后,两个儿子商量了一下,然后告诉我:

"对于各类培训班,我们不想暑假跑来跑去,真心不想参加。但是,我们可以做的是:每天练30分钟钢琴,暑假读完20本世界名著,每天锻炼30分钟,做完3本新加坡数学练习。可以吗?"

听完孩子的陈述,我静静地想了十几分钟,然后默默地把一大堆的培训班资料扔进垃圾桶。在那一刻,瞬间感觉轻松了不少。接下来,根据孩子们的诉求,我买了新加坡数学练习册,请老师选了20本名著,跟孩子一起安排了每日的时间表。后来,暑假家里没有鸡飞狗跳,孩子每天做着自己该做的事情,妈妈还有机会去做做瑜伽、跑跑步,也还相安无事。

这个温度计送给大家,有时候,我们是否太"发烧",太过于焦虑,太担心未来?什么才是适合孩子情况和家庭情况的平衡呢?

童言童语

半夜儿子爬妈妈床上要一起睡,妈妈劝说他回自己的床上去。

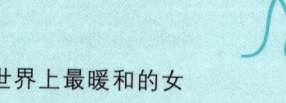

儿子嘴巴甜甜地说:"妈妈,你是世界上最暖和的女孩耶!"

妈妈立马松口:"好吧,就今天晚上哦!"

| 思考工具 |

期望值温度计

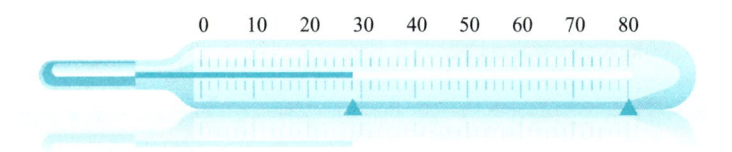

0　10　20　30　40　50　60　70　80

每个孩子都不一样，成功的方式也不一样。

用这个温度计量一量，我们的期望值是否合理？

过高期望是这样的：

过低期望是这样的：

正好的期望值是这样的：

第二个幸福公式：

幸福感＝感恩心/现实

有一次我出差，半夜回到家门口，在开门的一瞬间，我发现前门没有锁。在那一秒钟之内，我的脑子里充满了各种"不祥预感"：是不是孩子生病了，爸爸现在急匆匆带孩子去了急诊室？是不是有小偷进来，正在里面四处翻找东西？是不是他们三个今天出去遇到了麻烦，现在还没有到家？各种可能不可能的场景，在我脑海快速闪现。

蹑手蹑脚、战战兢兢进了家门以后，我看到老公正在厨房忙着下面条。他温柔地说："刚听到汽车声音，知道是你回来了，就给你留了个门……"

一场简单的回归，让我心里多了很多感慨。原来一家人平平安安可以是那么幸福的事情！

在这个公式里，现实是恒定的，有时候很难在短期之内做出巨大改变，但是越是感恩眼前的所有，就越容易觉得自己幸福。感恩和幸福是成正比的，而感恩和焦虑是成反比的。

下次，如果当您特别焦虑的时候，可以拿出一张纸，写一写生活中那些被我们忽略但是值得感恩的事情。您会发现，原来生活对我们是温柔的。

这两个公式,在很多时候,可以化解我心里莫名的不安感。

有天,我陪着大儿子练钢琴,他任性地挑了一个难度极高的曲子,磕磕碰碰练了一个星期,轮到老师来检查了还没有练好。作为一个稍懂音乐的妈妈,我忍不住在旁边偷看老师授课,看他怎么交差。

大儿子显然也很紧张,身子僵硬地坐着,眼睛不断快速在手指和琴谱之间移动,在不断自我纠错中好不容易完成了曲子。我心里的第一个反应就是:"完了!这也太差了吧!很多地方都不合格啊!"

在那一瞬间,我尽可能快速调整自己的期望值:好啦!人家才学一周,这个曲子又这么难,80%还是在调子上的。闭上眼睛,我强迫自己忘记那20%弹错的,默默为那80%弹对的喝彩。

这时候,经验丰富的钢琴老师开口说话了:"子曰,你知道吗?这么难的曲子,我想你可能还只练习了前半部分呢,可是没想到你都练习到最后一个小节了。刚刚的结尾部分太有力了!我能想象这个星期你每天是如何努力和付出的!老师太惊喜了!"

哇,还是老师厉害!大儿子僵硬的身体马上放松了一些,然后怯怯地问:"老师,我可以把刚刚弹错的地方再弹一遍吗?有好几个地方,我不知道怎么弹,刚刚跳过去了,我需要您的帮助!"

听到这里,我松了口气,安心地离开了琴房,到厨房去忙家务了。我知道他今天的课一定收获很大。在那时那刻,我挺感恩老师的技巧和方法的,也感恩儿子百折不挠的勇气。

如果我们对孩子设定合理的期望值,如果我们多一些认可和心怀感恩,也许可以适当缓解父母的焦虑情绪。不是什么都获得第一名才能称得上完美人生。教育是一件长期的事情,养育孩子有时候就像中药,不仅费时费钱考验耐心,而且味苦反胃疗效慢;教育不是朝花夕拾,而是守得云开见月明;教育不是一个以子之矛、攻子之盾的死循环;教育是田忌赛马,讲究顺势而为因势利导;教育也是围魏救赵,方法方式是否合适决定了是事倍功半还是事半功倍。

| 思考工具 |

两个幸福公式

我的幸福感:

看一看下面三个油箱,

左边的"幸福感很少";中间的"幸福感一般";右边的"幸福感很多"

哪一个更能代表你?

为什么?

> 你怎么利用这两个公式来调整你的幸福感？
>
> 幸福感＝现实－期望值
>
> 幸福感＝感恩心/现实

幸福水桶

说到焦虑、幸福、感恩这些话题，我作为在美国学校工作的老师，有自己独特的感受。

我跟大家分享说："有个著名的心理学家叫做马斯洛，他在 20 世纪 40 年代提出了一个著名的需求层次理论。也就是说，人的需求分成生理需求、安全需求、社会需求、尊重需求和自我实现需求五类，依次由较低层次到较高层次。生理需求是人类维持生存的最基本需求，包括吃穿住行等生活的基本要求。如果这些需要得不到满足，生存就成了问题，接下来的需求一层比一层高级和复杂，直到实现自我价值。在追求需要的过程中，人才会有内在动力，不断前行。"

我记得跟儿子一起读过一本很棒的英文绘本故事，叫做《今天你把水桶装满了吗？》(*Have You Filled a Bucket Today?*)初次读这本书时，我都觉得很奇怪，水桶跟幸福有什么关系啊？

（儿子学校的墙壁装饰）

读完以后，我心里特别感动。为什么呢？因为这本书揭示了一个很朴素却真实的道理：每个人都有一个幸福水桶，不管我看到了或是没有，它就在那里。这个水桶也非常特别，因为它不能装沙子或石头，也不能像其他桶子一样装普通的东西。它里面装满的是幸福感和好习惯。有好习惯的人，水桶里会溢满成就和快乐；而没有好习惯的人，桶子是空空的，感觉处处都是不顺心、不如意。自己的桶子是满的，自己是幸福的，才能给别人也带来快乐。因为我们彼此相连，我们都可以为彼此的幸福水桶注入生命和活力。

跟天下父母一样,我希望孩子能过快乐、有意义的生活。但是,我有时候也会感觉无奈和焦虑,因为孩子不一定愿意听从我们善意的管教。我能做的,就是通过一些方法,帮助孩子建立好习惯,在装满他们幸福水桶的同时,也能找到自己在这个世界上的价值和定位,未来有能力去装满别人的幸福水桶,给别人带来快乐。

那幸福水桶里具体应该有什么呢?带着这个问题,我请教过自己的同事,也是儿子的老师们。

语文老师是一位两鬓斑白的老人,在学校工作了四十年,他语重心长地说:

"'归属感'是让孩子在做一件事情的时候,无论结果如何,都能感受到爱、尊重和接纳。想象一下,如果孩子做任何事情,如果只有完成得好,父母才爱,完成不好,就被嫌弃,那孩子还能提得起兴趣吗?"我觉得很有道理。孩子无论是在家里,还是在学校,当然有的地方会表现得好,有的地方会表现得不尽如人意,如果只有表现得好家长才欣赏和喜欢,孩子的压力一定很大。毕竟,人人都有自己的缺点和弱处,人无完人,缺点反而让我们更加真实和完整。

儿子的计算机老师补充道:

"'价值感'就是孩子要觉得,自己做的事情有意义、有价值,对别人有帮助。比如我有一个学生,利用自己的计算机特长,设计里一个网站,帮助小朋友学习基本的计算机知识,这个事情就很有意义。网站做得好,关注的人多,也就能满足孩子期望得到关注的'关注感'。为什么那么多人喜欢在社交网站发视频、发照片？因为点赞量能让自己感到有价值、有存在感。孩子也一样，被关注会让他们觉得自己的言行有意义、有价值。"

是啊，没有人愿意成为"隐形人"，大人们都希望自己的声音被聆听，希望自己的行为有价值，孩子虽然小，也是一样的。

数学老师说：

"'有决定权'比较容易理解啊，就是让孩子感到行为可以由自己做主。"这点我是特别感同身受的。记得小儿子两岁的时候，每次我帮他选早上出门要穿的衣服，他都不要。后来我换了一个办法，给他选好两件，由他来做最后的决定，他就很开心。还有一次，我从一盒饼干里，拿出一块给他，他偏不要，非要自己在盒子挑啊挑啊，最后心满意足地挑了一块。盒子里饼干虽多，在我看来都长得一模一样，没有哪一块比其他的更好，他挑个什么劲呢？原来是因为有选择，是他自己决定的，他就很乐意。这就是孩子自主权的体现。

音乐老师是我的好友，也是孩子最喜欢最亲近的老师。她笑眯眯地说：

"最后一种心理需要至关重要，是'胜任感'，也就是说，孩子要觉得凭自己的能力能做得到。例如'我会画画''我能骑自行车''我能搭乐高大楼'等等。孩子玩网络小游戏大部分是输，为什么还爱玩呢？原因很多，其中之一是游戏提供了及时的反馈，上次没过关，多玩几次就过关了，让孩子看到了自己能力的

提高！"

校长扶正了一下眼镜，望着我说：

"只有这些基本心理需要得到了满足，孩子才能从外在动机，转向内驱力。越是能满足这些心理需求，越能开发孩子的内驱力。而家庭和学校要做的就是不断强化孩子的这些基本心理认知。"

我点头如小鸡啄米，这些都很有道理！

我跟聚餐的华人朋友说完这些以后，有个妈妈赶紧总结："也就是说孩子的'幸福水桶'里要盛满归属感、价值感、关注感、决定权和胜任感，对吗？"

"是这个道理，但是，"我的老公程毅陷入了沉思，"培养孩子的内驱力却没有那么容易啊！比如考试，家长很希望孩子全情投入，但是考试这件事情，虽然重要却缺乏归属感和决定权，很多孩子也找不到胜任感。考不好，老师和家长一定会不高兴；考试是被动的、被迫的；考试内容虽然可以复习，但是很多孩子缺乏每次考高分的信心。"

的确，我们不可能时时刻刻都满足孩子的这些心理需求，但是家长们对此有基本认知的话，会在跟孩子相处的时候，多一些耐心和包容。当然，如果家长一意孤行，打着"都是为你好"的旗号，试图让孩子按照自己的意图发展和成长，结果只会毁掉孩子的主动性和内驱力。因为无论做什么事情都是为了父母做的，没有自我决定，不会计划，没有"犯错"的机会，孩子长大后一定会遇到很多问题。

作为资深焦虑妈妈，以前我觉得与其选择信任孩子来做决定，不如我来替代孩子做决定，因为这样犯错的几率会小很多。坚持操控和管理孩子的一切事物，看着孩子作业上的错误，总是忍不住要逼着孩子改过来；听着孩子弹错的音符，恨不得捏着孩子的手一点点改正过来。但是有时候，越是着急帮忙，孩子越是反感。

看来解决这一问题的关键，有时候就是停止干预，赋予孩子更多的选择和决策自由。缓解焦虑和紧张关系的最好方法是使孩子们对生活有更多的控制感。孩子只有感到自己能够主导生活，并获得想要的人生方向时，才可真正产生"自主性"。

我知道自己对孩子要求高，说话总是偏重于孩子需要改进的地方，很少给孩子鼓励。

有一次，我带大儿子子曰散步，他突然说了一句说："你是神经病妈妈！"我觉得一头雾水，想想跟老师们的那场谈话，我蹲下来虚心请教儿子，怎么才能做一个他喜欢的好妈妈。

他也不客气，开口给我提了三条建议：

"第一，每天要问你的孩子：你需要妈妈给一个拥抱吗？你好吗？需要跟妈妈谈一谈吗？第二，每当听到我练钢琴、看到我做完作业，还锻炼了身体的时候，一定要多表扬，一定要说：'你好棒！我好自豪啊！'最好买我喜欢吃的零食，一起庆祝一下！第三，如果我失败了，没有达到目标，不要大喊大叫，要想想怎么能更好地鼓励我。你可以说：'没关系，下次再试一试。'我爱听这个。"

他的三条建议提得铿锵有力，让我毫无反驳的气力。思索一下，我说："好吧，我记下来了，还有吗？"子曰一把搂住我的脖子，在我的脸上亲了一下，说："没有啦！"

其实回想起来，他无非要的就是要妈妈"接纳我、关注我、让我觉得我自己有价值,做的事情有意义啊"。从此以后,我记得每天都跟儿子说三句话第一句：I love spending time with you. 我喜欢陪你,也喜欢你陪我。陪伴就说最好的礼物。第二句：I notice you. 我注意到你的变化、进步、取得的成绩,我也注意到你的焦虑和担忧。在我眼中,你很重要！第三句：I have faith in you. 我相信你,相信你的选择、你的潜力、你的能力、你的未来。

童言童语

妈妈对着镜子感叹："妈妈老了！"

儿子一把搂住妈妈："妈妈,我给你个 KISS 吧,这样你就永远不会老了！"

妈妈很感动："这儿子没白养！"

| 思考工具 |

这样跟孩子说

为了注满孩子的"幸福水桶",我们慢慢学会这样跟孩子说话：

- "孩子,你在世界上有自己的位置和价值。你的到来让这个世界充满意义。"

- "爸爸妈妈很爱你,很关注你,因为你很重要。"

- "我相信你能学会做正确的决定。"
- "孩子,你一定行的!"
- "无论结果如何,我都会一如既往地支持你!"
- "孩子往前走吧,爸妈永远是你最坚强的后盾。"
- "我对你的爱,是没有任何附加条件的。我永远爱你。"

后来,我们增加了更多的鼓励:

- "孩子,你的心情我能理解。我能接纳你的所有情绪。"(我们发现,当孩子感到被理解和接纳,在父母这里有绝对的安全感时,爸妈的引导和建议才容易被他听进去。)
- "让我先听听你的建议和想法。"(在给孩子建议之前,最好先认真听听他们的真实想法是什么。无论多么不合理,一定要认真、完整地听完,不打断、不随意评论。)
- "你觉得最好的两个解决方案是什么?你会选哪一个?"(教给孩子做决定的方法和过程,远比为孩子做决定更好。)
- "你来说服我为什么你想做这个选择。"(让孩子来说服你,而不是家长一味地说服孩子。)

同时,不断告知孩子,他们能够胜任不断出现的学习任务。

- "孩子,我相信你可以做到。"
- "孩子,你看你比爸爸妈妈反应快、学习速度快,我们真为你高兴!"
- "孩子,你看你又进步了!每一天,你都在通过自己的努力证明你可以越做越好!"

有了这些鼓励的积极语言,我们跟孩子的关系更加亲近了。看来一家人彼此包容和鼓励是最温暖的。想一想,有哪些话语您可以经常对孩子说,让孩子的"幸福水桶"满满的:

| 思考工具 |

隐形的幸福水桶

想一想您平日在哪些方面能帮助孩子增加归属感:

归属感
价值感
关注感
决定权
胜任感

情感需要

帮助孩子增加价值感:

帮助孩子增加关注感：
_____
_____
_____

帮助孩子增加决定权：
_____
_____
_____

帮助孩子增加胜任感：
_____
_____
_____

需要爸爸做的：　　　　　　　　　　　　需要妈妈做的：

孩子的
情感需要

孩子从父母这里分别有不同的情感需求。

找机会跟孩子深聊,明白孩子对妈妈的需求、对爸爸的需求。

记录下孩子"需要爸爸做的"

记录下孩子"需要妈妈做的"

爱你在心口难开

聊到这里,感恩节大餐已经快要吃完了。突然,有个朋友一拍脑袋:"哎呀,我们还没有 Say Grace 呢?"

Say Grace 是什么呢?美国文化深受宗教影响,其实 Say Grace 就是"餐前祷告"。感恩节这天的餐前祷告一般跟家人和朋友说说感谢的话语,以及告诉家人我们多么爱他们。

在家庭生活中,美国的家长喜欢夸张地说:"宝贝,你不知道妈妈多么爱你!""宝贝,做你的爸爸,是我一生最最幸福的事情!""宝贝,世界上没有文字能描述我对你的爱。感恩你来到我的生命里。"生活在这种文化氛围下,刚开始我们也不好意思开口说这些话,总觉得太肉麻,因为我们自己的父母都从来没有这样表达过他们的感情。但是,孩子听到这些温馨的话,会带来内心的触动。于是,我们就学习真诚地表达自己的情感。很快,孩子们竟然学着我们说话的口吻,也对我们说:"妈妈、爸爸,我们爱你!爸爸妈妈,谢谢你!"这种甜蜜让我们觉得幸福,所以渐渐也就习惯告诉孩子"我爱你""谢谢你"。

当然,我们理解东方文化的含蓄,爱不一定要说出来。如果爸爸妈妈不习惯口头表达,那就在家信里写出来吧,用文字说"爱你"会容易很多。

我一直鼓励家长给孩子写信,虽然大多是家长里短,看似寻常,却充满关爱和期许。家书有着神奇的力量,真情的文字能把心灵拉近,温暖着彼此。写信是一场内心的独白、心灵的救赎,能让人沉静下来,清醒审视很多事情。

在这里,我对于写家信有如下一些建议:

首先,要尽可能从爱和感恩开始。无论心里藏着多少不满和唠叨,一定要先告诉孩子自己多么爱孩子。

信里可以谈谈孩子做得好的地方。比如,我们会经常告诉孩子他们做的让我们自豪的事情,他们对彼此的友善,对周围人的关爱等。久而久之,我们发现,我们提过的事情,他们会更愿意"重复",因为他们知道这样爸爸妈妈会很开心。

当然,也可以告诉孩子你跟他们在一起最幸福的瞬间,比如一次谈话、一起看过的比赛、一次家庭旅行、收到的一个孩子送的礼物等,这些美好的瞬间会成为你们之间永远的回忆。

(儿子学校的信箱,旨在鼓励大家彼此常常写信沟通。)

最后,信里也可以谈谈对孩子成长的期望。与其给孩子提要求,不如智慧地表达你的愿景和梦想。从积极的方面,畅想孩子的未来,孩子给你的信心,或者孩子说过的让你充满希望的话。也可以通过讲故事的形式,把道理巧妙蕴含其中。

在信里,给孩子爱的承诺,也是弥足珍贵的。比如"无论发生什么,你都是我们最爱的孩子""我们承诺不断改变自己,学会倾听,学会理解你,包容你""我们承诺,在你需要的时候,爸爸妈妈永远都站在你的身后",这些肯定的言语会带给孩子无限的安全感。

简而言之,一封好的家信的最好配方是"我爱你 + 我感恩你 + 我欣赏你 + 我希望跟你有美好的亲子关系"。有了这些因素,再加上其他的对孩子的嘱咐和教诲，孩子会更容易接受。

如果您实在不知道怎么动笔，希望下面这些建议有所帮助。

翻翻孩子的旧照片以及家庭相册。想想跟孩子在一起最难忘、最开心的时候是什么？为什么？孩子给你的生活带来了什么？回想幸福的往事，会有很多素材。

想想孩子最喜欢什么。我有个同事，当她给女儿写信时，她会用女儿最喜欢的东西为比喻。比如女儿喜欢读书，她就写道"爱是一个故事"；后来她选择了"爱是一种舞蹈"，因为女儿喜欢芭蕾舞。还有一次，她说"爱是一只蜂鸟"，因为女儿喜欢鸟类。她还用过"爱是踢足球""爱是洋娃娃"。她通过这些比喻，让孩子觉得妈妈的爱很自然。所以，可以想一想：孩子最喜欢什么？说明了什么？对他们的生活的影响是什么？这些兴趣的哪些方面展示了孩子的特点？找到一个中心主题，有助于构思信的内容，给孩子的感受也会非常独特。

有时，想想我们自己希望从父母那里听到什么，也会帮助我们给孩子写信。站在另外一个角度，我们会更理解孩子的心境，也会更体谅他们的不易。这样的信会更加打动人心。

大儿子满十岁以后，明显越来越调皮。每天看到他玩世不恭的样子，听着他油嘴滑舌的狡辩，我们拳头捏得紧紧的，想收拾他却不知道怎么收拾。尝试了各种方式，无论是威胁还是恐吓，无论是动之以情还是晓之以理，他统统有办法还击。在痛定思痛之后，我决定给孩子写信。每天，我们开口就是责骂，以至于孩子"脸皮越来越厚"，丝毫不在乎我们的谴责。我感觉他需要更多的正面肯定，于是我决定只写感恩和赞美。在一个笔记本上,每天一封信,每一封都是着重记录我看到的优点。在每一封里,最后附上一些名人名言,表达对他的期望和要求。

在给大儿子的第一封信里,我写道:

"儿子,你是独一无二的个体。妈妈爱你,也希望你好好爱自己,知道自己的价值,了解人生的意义。坦诚接受成长的考验但是时刻不忘感恩生活。在妈妈心目中,你不仅是'第一'而且是'唯一'。希望你让自己跟优秀善良的人在一起,但是也时刻谨记,你的优秀和善良,也是这个世界上最珍贵的一道风景!"

大儿子收到信,告诉我这封信让他"开心了一整天"。从此以后,每天都问我:"妈妈,我的信呢?"于是我每日坚持,让我那些说不出口的爱、赞美、感恩能通过纸笔跟孩子倾诉。不久之后,我也开始给小儿子写每日一信,让他也能体会到父母给他的专属的爱。

虽然孩子们每天还是会让我们操心,时不时惹我们生气,但是这些信件会平息我的怒火,让我看到孩子的优点,也让他们知道自己在爸妈心中的位置。我希望自己能长期坚持下去。

俗话说:"家书抵万金。"手机短信等碎片化快捷通讯,比不上铺一张白纸、修一方尺牍;展一方徽宣、写一帧信札的真情。父母跟孩子的寄雁传书,是这个时代最珍稀的"见字如晤"的亲切。这种温度不可替代,而这些文字和其中蕴含的真情实感,也会随着时间的沉淀,变得愈发厚重绵长,弥足珍贵。如果您还没有机会给孩子写封家书,现在可以根据模板提示,提笔写一写哦。

| 思考工具 |

好家书，抵万金

根据下面的模板想一想关键词，然后整理成给孩子的一封信：

模板一：

我爱你

我感恩你

我欣赏你

我期望跟你的理想关系

我想留给你的精神财富：

展望未来：

模板二：

- 感恩开始
- 回忆曾经的美好
- 谈谈现在的困惑
- 对孩子的希望和祝福
- 感恩结束

跟孩子分享名人名言：

父亲节的一封信

爸爸能回归家庭，对孩子和妈妈来说都是莫大的福气。

程毅博士曾经给两个儿子写过一封父亲节的家书，记录自己做父亲的感受：

"我的孩子，从你出生的那一刻起，我就一直处心积虑、野心勃勃地计划着,该如何把你培养成一个成功的人。但是有趣的是,经过这些年,我发现,反而是你把我变成了一个合格的父亲,谢谢你,我的孩子!我原以为作为爸爸,我为你付出了一切,到最后才发现,成全的原来是我自己。

"做爸爸的经历给了我许多经验教训,有一些令人惊讶,有一些让人难过,但大多数对我个人的成长是必要的。谢谢你,我的孩子,每天给予我不同的体验,让我明白爱的真正含义。平时你是个活蹦乱跳一刻也不安宁的毛小子,只有生病的时候,才会异常的安静,虽然家里因此少了许多噪音,可是我还是希望你快快好起来,让你做回你自己。后来你病情好转,家里又恢复了以往的鸡飞狗跳,而我则意外地发现,原来喜欢上蹿下跳的你,并没有我想象的那样让人无法忍受。

"感谢你,让我漂泊的心有牵挂,接受我的不完美和偶尔暴躁的脾气。你知道爸爸早上如果没有咖啡,就好像失去魂魄一样。有一天早上,妈妈出差不在家,我手忙脚乱地帮你们准备早餐。结果我在把早餐端上餐桌的一瞬间,不小心全打翻在地。原本以为你会大发脾气,因为你肚子很饿。可是,你很平静地说:'爸爸,你是不是早上还没有喝咖啡?'在我怔住的同时,你走到冰箱里拿出一瓶酸奶和一片面包说:'走吧,爸爸,我们还有时间去给你买杯咖啡!'在那一瞬间,我才意识到,我以为自己一直在忍受着你的不完美,却忘记了其实你也一直在忍受我的不完美!谢谢你接受我的不

(程毅的手绘画《苦不苦,想想红军二万五》)

完美和偶尔暴躁的脾气。

"我一心只想着怎么可以培养出优秀的孩子,可是到头来却发现,我收获了更好的自己。学校组织一场校庆周年的活动,其中有5000米比赛,每个学生需要家长陪跑,妈妈则把这项光荣的陪跑任务交给了我。为了不在你的同学面前丢人,我早早地开始了训练计划。从小到大,短跑是我的强项,但长跑是我的软肋。我刚开始训练很痛苦,因为十几年没有练跑步了,平时没机会锻炼身体,心肺功能和肌肉都退化了。刚开始训练的几天,我累得气喘吁吁,感觉自己就像一辆随时要抛锚的老爷车。但是因为已经报了名,所以只好硬着头皮坚持下去。比赛那天,我带着你顺利完成了5000米的赛程,心里别提多自豪了!不久之后年度体检,我发现我的各项指标都比去年同期好很多,真是一个大惊喜!不仅如此,我还因此爱上了长跑和一些别的运动,春夏秋冬,无论晴雨,从最开始的5000米,到马拉松4人接力赛以及泥地障碍赛,后来又参加了半程马拉松以及全程马拉松。就这样,你让我变得更加坚强和充满韧性。谢谢你,让我在陪你的过程中成为了更好的自己。

"感谢你,让平凡的我,有机会成为你心目中的超级英雄。有一年夏天傍晚,妈妈出差了,我一个人在家陪你。突然,屋子外面狂风暴雨,一瞬间,家里竟然停电了!屋子里一下子黑了下来。你惊恐地跑到我身边,我抱住你安慰你不要怕。我从车库的工具箱里拿出了手电筒和应急灯,屋子里面一下子亮起来,你脸上立刻恢复了平静。那一刻,你崇拜地望着手里握着手电筒的我,好像正在看着带给人类火种的普罗米修斯一样。第二天,供电虽然恢复了,可是因为停电时电流脉冲不稳定,损坏了连接着热水锅炉的一个插座。学物理出身的我拿出工具箱里的万用表,决定自己维修。我戴上头灯,提着工具箱,走到了漆黑的地下室。你崇拜而关切地问我,是否需要帮忙。我把手机递给你,叮嘱万一爸爸触电了,你要记得拨打911报警。你很听话地等着我,每隔一分钟就往地下室喊:'爸爸你还好吗?'半个小时以后,我把烧坏了的插座更换了,锅炉开始运作。你兴奋地抱住从地下室走上楼的我说:'爸爸你真棒,什么都会修!'那一刻,做爸爸的我,俨然感觉自己成为了一个救世的超级英雄。

"养儿方知父母恩,我从你的身上,看到自己小时候的样子。有一次,我精心计划的长周末全家旅行因为你突然生病而取消,看着已经装上后车厢的行李,我正想抱怨的时候,突然想起自己小时候的故事。有一年暑假,因为自己调皮,一根钢筋扎到了我的大腿里。在医务室缝针的时候,没有麻药,我爸爸就一直握着我的手,一遍遍地和我说关羽刮骨疗伤的故事。后来整个暑假爸爸不仅回家乡省亲的计划因为我受伤而泡汤,还要每天陪我去医务室换药。在每次照顾生病的你的时候,我总能想到我妈妈充满慈爱的脸庞和疲惫的微笑;原来,我也曾被我的父母如此善待和照顾。谢谢你!引领我回忆起童年爱的丰盛。虽然,从你出生的那一刻起,我就升级成'爸爸'了,但是,做爸爸是一个一生学习的过程。在一次次的反省和感恩中,我慢慢勾画出父亲的轮廓。"

是啊,孩子赤条条的来到这个世界,带着生活的真相,迫使我们不得不换个角度重新审视自己。他们总是保持索取的姿态,让你在不停给予的同时,惊叹我们拥有的原本很丰盛。爸爸在孩子的成长中,如果能多陪孩子创造一些共同的回忆,一定是最美好的事情!

哈佛商学院创新大师克里斯坦森博士在《你如何衡量你的人生》中,一

第八章 / 速得到幸福

(我们家爸爸和孩子最深刻的一个回忆：爸爸把门口车道的积雪铲出一个迷宫，陪孩子在迷宫里玩了整整一个下午。)

针见血地指出：我们每个人的时间和精力有限，时刻在决定如何把自己的时间和精力用于"投资"。我们可以投资给事业，投资给娱乐，投资给家庭。但是，陪伴和养育孩子是一种长期投资，越早投资越有价值，而且投资给家庭，一定能保证你稳定丰厚的回报！

感恩节聚餐之后，我们朋友圈多了一个梗：对于一家人而言，感恩节不一定是某一天，感恩节就是一份幸福感、一句暖心话和一封好家书。能经常去觉察、去表达、去沟通，天天都会沐浴在温暖之中。

童言童语

妈妈问儿子："你饿不饿？"

刚刚学会说话的儿子重复道："你饿不饿？"

妈妈问儿子："你冷不冷？"

儿子重复："你冷不冷？"

妈妈好感动："这孩子真好！比他爸会疼人！"

181

练得成学霸

第九章

家是另一个学校

曾经在网上看到一句留言：做妈妈的过程中，我硬是把自己读书时候没有学好的知识，跟着孩子一起学了一遍。的确如此，为了辅导孩子的功课，爸爸妈妈们一个个化身学霸，跟孩子一起复习备考，的确不容易。

我们的两个孩子在国外的教育体系里成长，在辅导功课方面，我们也经历了很多挑战。好在我在学校工作，很快能摸清套路，在混沌中慢慢找到方向。

在这一章里，我想聚焦在全世界爸爸妈妈都关注的一个点：阅读。如何培养和引导孩子建立良好的阅读习惯，对每个孩子的成长都至关重要。

凡是家里有两个娃的都知道，娃打架的时候，是什么都挡不了的！你一拳来，我一拳去，有时候是真的拼了命往死里打。娃一打架，一家人常常鸡飞狗跳、狼狈不堪。不管您信不信，这个时候，妈妈的奇招就是拿出一本他们最喜欢的书，然后大声开始读，边读还边表演："哇塞，这是什么呀？真是太有意思了！太可爱了！我好喜欢这本书啊！"一般不出两分钟，孩子们就乖乖坐过来听读书了。读着读着，两个脑袋也就越凑越近，暂时硝烟散去，天下太平！

第九章 / 练得成学霸

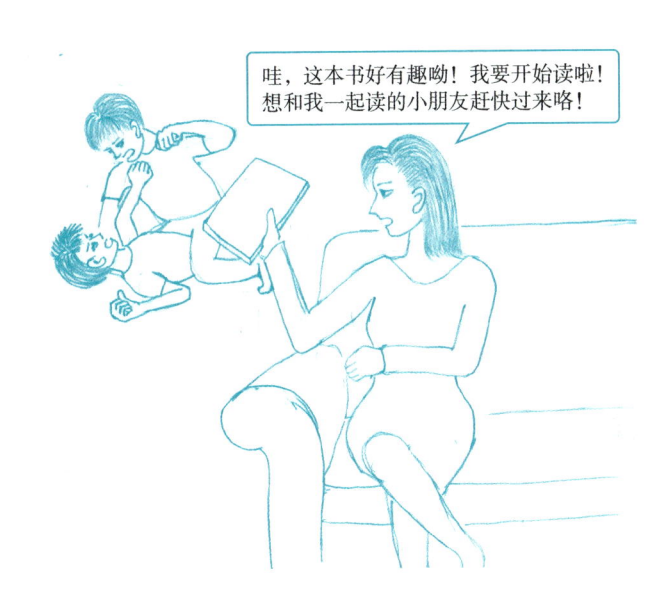

把教室搬回家

有天早上起来,爸爸需要开会,我也在忙自己的事情。爸爸刚刚把电脑打开,两个孩子眼巴巴地跑来问:"爸爸,你可以陪我们玩吗?"爸爸看看表,很为难地安慰他们说:"爸爸大约需要一个半小时,要么,你们俩自己先找个什么事做做?"两个家伙只能悻悻离开。

一个半小时以后,爸爸担心地到处寻找他们,咦?客厅里怎么多了一个"帐篷"?弯下腰,爸爸看到了让他今年最放心的一幕:哥哥弟弟在客厅用毯子搭了一个读书角,正安静地读书。

我们顿时倍感欣慰。回顾过去,在每天的担忧和纠结中,我们终于感觉自己做对了一件事情：从小给娃娃们培养的阅读习惯，关键时候，帮了我们，也帮了他们！

常有家长问我："你是老师，在学校工作，有什么好点子可以帮助我们把家变得更适合孩子读书学习吗？"的确，退出网络空间、放下电话、关掉电视，大人孩子都需要有机会放松、创造性的自我表达。如果你的家足够大，最好能安排一个单独的空间，让孩子能自由阅读。但是，很多家庭空间有限，创建一个孩子的活动区域就需要一些创意了。

我在家里尝试过不同的方法，希望能智慧利用家里的空间，打造大人孩子都喜欢的活动区域。这些办法供您参考，看是否适合您家。

在安排家里的摆设时，我参观了一家本地的幼儿园。我很佩服老师们，在不大的教室空间里，竟然可以放下那么多孩子的玩具、书本、教具等。

（美国学校的墙壁上挂满了学生的艺术作品）

特别是图书阅读角的设置和墙壁的利用,让我印象深刻。爸爸拍了教室的照片,回来以后依葫芦画瓢,把孩子的活动区域进行了改造。我想,一个班十几个小朋友,都要有足够的活动空间,家里只有两个孩子,好好设计,应该是能做到既美观也实用的。

首先,我建议要善用墙壁。通常卧室、客厅或餐厅的主墙,都有很大的一片空白地方,那里有足够的空间让孩子们发挥想象力。墙壁上可以贴上大的画纸,可以装上大的白板,这样孩子就可以自由写字、画画,为你的孩子带来无穷无尽的创造空间。

其次,看看家里有哪些地方是没有使用的空间。比如,我家的客厅有一个角落,几乎没有什么家具,旁边还有一个储物间,未被充分利用。我把角落改造成多功能游戏区。放上有趣的玩具和画笔画纸,再加上一个小书架和几个抱枕,孩子和我们很喜欢在那个客厅角落一起看书、聊天、画画。

同时,尽量考虑将教育和玩耍结合起来。对于许多家庭来说,拥有一个单独的学习安静区和一个活动玩耍区是不现实的,但是可以将这两种功能结合起来。比如,我在家里的另外一角为孩子们准备了桌子和凳子,有电脑和书架,方便他们做作业和活动。旁边也放置了棋盘游戏等,这样他们做作业之后可以下棋玩。挂篮、架子和箱子在桌子旁边,让孩子们的东西近在咫尺,又不碍事!

在家里的不同地方,我一共放置了好几张可以折叠的桌子和凳子。收起来的时候,家里还是很整洁宽敞的;打开的时候,孩子和来家里玩的小伙伴能随时随地有一个写字画画的地方,让他们安静了不少。另外,在厨房里,我也通常布置有一个孩子可以坐下来玩的地方。这样我一边做饭,孩

子也可以在身边忙着自己的事情。家里的每间房的角落里都有一个小书篮子。车里也放置了一个书篮,这样孩子无论在任何一间房间,都有书可以读。看完以后也容易收捡起来。让孩子有东西玩、有地方玩,不仅可以减少家长的负担,还可以培养孩子的自我驱动力,何乐而不为?

孩子自觉学习的秘密

做父母靠的是本能,从小培养孩子的阅读习惯,陪孩子读书,是给孩子的最好的礼物。培养孩子阅读的好处很多。

首先,阅读增加词汇量,有助于提高孩子的语言能力。科学研究表明,

词汇量越大,孩子越聪明,而词汇量是阅读的基础。芝加哥大学妇科及儿科教授,芝加哥大学医学院"3 000万词汇倡议"机构的创始人和主任达娜·萨斯金德(Dana Suskind)在《父母的语言:3 000万词汇塑造更强大的学习型大脑》这本书中强调:孩子在三岁之前,大脑的发育会达到85%,而使大脑建立神经连接的条件恰恰是语言,准确来说,是父母的语言。

她带头成立了一个"3 000万词汇小组",对不同的家庭进行观察和记录,得到了这样一组数据:

- 靠救济金生活的家庭,孩子每小时听到的单词数是616个;
- 工薪阶层家庭,孩子每小时听到的单词数是1 251个;
- 高收入的家庭,孩子每小时听到的单词是2 153个。

通过分析这些数据,她发现不同家庭的孩子,听到的单词不仅有数量上的差别,还有质量上的差别。高收入家庭的孩子听到更多正面、积极的词汇;而家境不好的孩子,听到更多粗鄙、消极的话语。由此我们可以得出这样一个结论：并不是家庭经济情况决定孩子智商发展，而是父母创造的语言环境对孩子的启蒙至关重要。

美国堪萨斯大学的一项研究表明，在能听到语言的多少上，不同的孩子间存在严重的差距。教育家发现，从出生到3岁，有的孩子会比另外的孩子少听数百万个字词。这样还未上学，差距已经悄悄拉开。

对于儿童的语言发展，聆听说话很重要。但是他们需要听真人说话，而不是通过看手机、看电视来学说话。而比起单纯的说话，为孩子朗读，或者跟他们一块儿阅读，则更能增加他们听到的语言的丰富性。

我们自己带娃的经验是：0—3岁的孩子适合以配图为主、文字较少的绘本，譬如《晚安月亮》之类的；4—8岁的孩子可以阅读文字多一些的图画绘本、感兴趣的故事书或者传递知识的科普书籍；9岁以上基本上很多以文字为主、搭配少量插图的书都可以读了。

（儿子在读完《海盗船长》以后，把自己打扮成了小海盗）

其次，阅读激发想象力和创造力。美国《儿科》期刊曾经发表了一篇研究论文。研究者采用功能性磁共振成像技术来研究3到5岁的幼儿在听到故事时的脑部活动。科学家发现，孩子听到故事的多少，决定了脑部的活跃度。

陪孩子阅读促进亲子关系。如果你宅在家里的话，在光线良好和比较安静的环境下，不妨带孩子一起阅读绘本，看看书，都是不错的选择。父母给孩子最好的不花一分钱的礼物就是阅读，陪孩子阅读也是非常好的建立亲子关系、创造体验交集的机会。做爸爸的如果不知道如何和孩子相处，我们建议可以拿起一本孩子感兴趣的书，一起开始读。作为爸爸，给孩子讲故事是基本技能，强烈建议爸爸们获得这项技能。

怎么读英文原版书籍？

现在的孩子有机会接触英文原版故事，资源很丰富。那爸爸妈妈在英文一般的情况下，如何给孩子读书呢？我们通过三个小故事来详细解释。

故事一：

记得孩子还很小的时候，外婆来美国帮忙带孩子。有天，我下班回家，一推门看到了最温馨的一幕：刚学会走路的子涵挑了一本苏斯博士的《一条鱼，两条鱼，红色的鱼，蓝色的鱼》(*One fish, two fish, red fish, blue fish*)。只会说湖南话的外婆，望着满书的英文字，完全懵了。但是她灵机一动，用湖南"塑料普通话"，很自然地开始"读书"了："子涵啊，你看，噶个

嗝个鱼粑粑长得好可爱啊！有恒色，有娄色，有王色

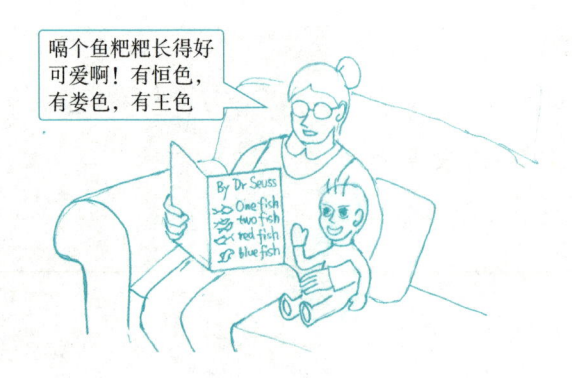

鱼粑粑长得好可爱啊！有恒色的，有娄色的，有王色的，你看，还有么子颜色呢？"两岁的子涵听着两眼闪闪发光、聚精会神。直到今天，子涵喜欢读书，我觉得外婆功不可没。来美国带六个月的孩子，一个英文字母都不会的外婆，硬生生地把满屋子的书给孩子"读"了一遍。

故事启发：

面对任何一本书，其实可以从插图开始。老师在课堂上给孩子读书的时候，就先问孩子看到了什么。只讲图片，不讲文字，是门大学问！因为，一边说一边用手指，能让孩子对声音、图像、文字，产生联系，让孩子一下子被吸引住。

阅读一个绘本故事可以有100种不同的方式。如果英文实在不好，或者现在孩子年龄还很小，没有关系，可以只读图片，暂时忽略书中的文字，等到孩子有认知能力或者到了能够坐得住的年龄以后，再开始探索文字的部分。

举一个例子，有一次爸爸带儿子在朋友家读一本他家女儿的绘本，因为实在都是女孩子感兴趣的内容，爸爸索性就按照图片发挥自己的想象

力，自己生搬硬凑瞎编了一个关于机器人的故事，结果没想到儿子听得津津有味，拿起另外一本女孩子的关于洋娃娃的书，说："爸爸，我还想听机器人的故事，读这个呗！"嗯，看来不是段子手的科学家，不是好爸爸呀。

故事二：

有一次爸爸陪外婆送子曰去幼儿园。刚到幼儿园，孩子口渴了。他先问老师："Can I get some water please?"但是老师在招呼其他的孩子，没有听到。儿子马上向外婆求助："外婆，我可以要喝 xuei 吗？"（xuei 是长沙话"水"）。外婆一下子没特别明白。儿子只能向另外一个说西班牙语的老师说："agua por favor."（孩子上的是英语和西班牙语双语幼儿园）。见老师也没有倒水的意思，儿子一把拉住了爸爸的衣角，用纯正的普通话不耐烦的重复道："爸爸，我要喝水！"一时间，爸爸都傻眼了，这个小娃，秒说四种语言啊！

故事启发：

请记住，语言是一个标签，所以家长需要学会"标签"，孩子自己会根据信息把东西和标签对应起来。对于一个孩子来说，英文还是中文只是一个称谓一个代号而已。一个东西，可以有不同的标签，譬如"苹果"这个词，可以是英文的 apple，也可以是中文的苹果，如果说出这个词，可能有些人会觉得在说水果，有些人觉得在说"苹果手机"。

因此，当家长用词语去指代一样东西的时候，实际上就是在告诉孩子，这个词语指代的是这个东西，目的是建立起图像和词汇的联系。任何东西都有一个标签或者名字，孩子从外界学会每样实物的称谓，并且反复听到以后就会在脑子里注册，形成条件反射，下一次再听到这个词汇的时候，就会自然地把词汇和脑海中这个词汇代表的图像进行比较。

这种现象在双语环境的家庭中很普遍，一般这种家庭的孩子说话比较晚，因为语言的信息量成倍增加了。但是这种环境下孩子对于语言的掌握是比较自然的双语模式，多语言环境下孩子可以迅速转换，这种能力是惊人的。譬如家里爸爸是德国人，妈妈是美国人，孩子和爸爸说话的时候自然会使用德语，而和妈妈说话的时候就用英语。语言的目的是交流，而交流的有效性最高的就是使用听者熟悉的语言，孩子在这个方面的驾驭能力往往会超出家长的预期，特别是在学习语言的黄金时期。

对于一些抽象词汇的理解，譬如生气、热、爱，这些词语有时候很难通过单个图像或者动作来诠释完整，那么家长可以通过多种方式、场景和图像来定义。这也是家长教会孩子"标签"的另一个好处，那就是当孩子学会为每样东西命名以后，潜意识中的焦虑也减少了，因为在认知上提高了。

换句话说,就是这个东西是熟悉的,以前见过的,甚至可以从词汇库中找到一个相对应的词汇来描述它,所以陌生感和焦虑感会减少,孩子会变得更加自信和愿意学新的东西,孩子的好奇心和探索本能也会被激发。

故事三:

爸爸和子涵在读一本关于海洋生物的书,结果很多海洋生物的单词都很长,很难读。子涵笑话爸爸读不出来,爸爸瞪着他:"你读给我看看!"结果他不仅全部读出来,而且还耐心地给爸爸解释发音和意义。末了还安慰爸爸:"爸爸,不要伤心,你的英文其实还可以的!"

故事启发:

陪孩子读书简直就是自己的免费进修啊!家长可以通过这个机会学英语,学习新的知识,或者是用一种全新的语言来学习你可能已经知道的知识,对于家长来说也是一种自我提高词汇量和英文水平的方式。

我们常常告诫孩子不要总是待在自己的舒适圈中,那家长是不是也可以做一些尝试,给孩子树立一个良好的榜样呢?特别是在资源和科技如此发达的今天,缺的不是学习资料,知识到处都是,获取的渠道也多样化,缺的是时间和动力。父母完全可以借助网络多媒体和科技来帮助自己和孩子的英文阅读。

《荀子·劝学》中有一句话,叫做"君子性非异也,善假于物也"。意思是说,品德高尚的人,并不是有非凡的才能,只是善于利用外物罢了。其实父母不需要总做主角,有时候不妨放下身段,让孩子作为阅读的主角,让孩子读书给你听,或者让孩子反过来教你,鼓励孩子学会主动表达,并且给予孩子赞赏。学会聆听有时候比能言善辩更加容易获得交流方的喜爱和认可,这一点我们相信很多父母都能心领神会。譬如,我们有时候会挑一本书,让孩子读给我们听,往往会发现孩子的视角和大人的视角原来如此不同,孩子也能看到很多大人不会注意的细节。有时候,孩子在学校学了一个新的游戏,我们会让孩子来教我们,在这个过程中,不仅我们学习了新的知识,孩子也在教我们的过程中巩固了自己所学的东西。

我们发现,孩子在不识字以前需要的陪伴和引导比较多,但是孩子上二年级以后,英文迅速提高,越来越不需要陪读。如果一个12岁的孩子还希望和爸爸妈妈一起读书的话,父母应该觉得很幸运了。所以在孩子小的时候,如果能经常陪孩子坐在一起安安静静享受阅读的乐趣,这种经历是无价的。

在操作环节,我们分享一个家庭"提问清单"和一个"神奇读后感"。两个工具都可以让爸爸妈妈在跟孩子进行阅读总结的时候,按照工具的提示,跟孩子进行书本内容的总结和探索。

童言童语

儿子和妈妈读书,故事里有个老爷爷安慰一个找不到家的小田鼠:"小姑娘,不要着急。"儿子停下来好奇地问:"什么是'小姑娘'?"妈妈解释说:"就是女孩儿。"儿子灵机一动:"那小姑娘,给我倒杯水吧!"

| 思考工具 |

我问你答

很多家长不知道怎么检查孩子的阅读效果。我提供一个"我问你答"的提问清单,家长可以随机抽取里面的问题和孩子进行互动;也可以根据时机,在阅读前、阅读中和阅读后分开提问:

读之前

1. 看着这本书的封面和封底,你想到了什么?

2. 看书的标题,你猜这本书里会讲什么呢?你怎么知道呢?

3. 你猜故事里的主人公是什么样子的人?为什么?

4. 这本书大概的主题会是什么呢?

5. 如果你见到作者,在读他的书之前,你有什么问题要问他?

读的中间

6. 书的前面说的是什么?书的后面你猜会发生什么?

7. 如果你是主人公,你接下来会怎么办?

8. 你认识的人当中,有没有人跟主人公很像的,为什么?

9. 跟我说说,目前为止,你最喜欢的一个部分是什么?为什么?

10. 你脑海里有什么问题想问作者的?

11. 你觉得这个故事情节合理吗?为什么?

12. 你觉得你学到的一个新的词语和表达是什么?

13. 哪部分是最精彩的,是你迫不及待想跟大家分享的?

14. 哪部分你觉得没有吸引到你或者并没有看懂?

读之后

15. 能用一分钟的时间把故事大概讲给我听吗？

16. 如果这本书是一个系列里面的，你想系列里的其他书是什么样的？

17. 现在你读完作者的书了，你有什么问题要问他？跟之前想问的问题一样还是不一样了，为什么？

18. 你觉得这本书值得推荐给别人读吗？为什么？

| 思考工具 |

神奇的读后感

孩子读完书以后，您可以跟孩子一起这样来回顾和总结

策略名称	策略简介
3-2-1	列出3个要点，2个你不同意的地方，以及1个相关的问题。
便利贴	在一张便利贴上写下：从这本书里，我最想分享给别人的是……
提问	列出3个仍希望澄清的问题。
正方形、三角形、圆形	列出4件"与我的想法一致"的事；3个我不同意的"角度"；1个在我脑海中"盘旋"的问题。

第九章 / 练得成学霸

续　表

策略名称	策略简介
一块钱摘要	每句话值一毛钱,写一份一块钱的摘要总结(也就是十句话)。
报纸标题	如果你读的这篇文章明天成为报纸头版头条,那标题应该是什么?
给作者写邮件	如果你给作者写一封邮件,你应该写什么?
前后对比	在读完第一段或者书的第一章之后,写一个预测;读完之后,写一个小总结,跟预测对比。
广告词	如果作者要你帮助他宣传,你怎么来写广告词?
关键词造句	爸妈或者老师给出3—5个关键词,要求孩子一句话把这些词串起来。
推荐理由	如果你要推荐这本书给你的好朋友,写出三个推荐理由。
配插图	给文章中的某一部分内容配上插图。
作者其他的书	找出这个作者还写过什么书吧!
同类书	找一找是否有一本很类似的书,为什么类似?
短信	给好朋友发短信,告诉他你为什么觉得这本书他绝不可错过。
抖音短视频	如果你要拍个10秒钟视频,做关于书的内容介绍,可以怎么做?
设计游戏	为这本书设计一个配套的游戏吧!
词汇标星	选出书中的优美词汇,给他们打个1—5星的好评。

爸妈的心理学

常常有爸爸妈妈问：孩子为什么不听话？孩子为什么不自信？孩子为什么坐不住？孩子为什么成绩差？其实方方面面都可以在心理学里找到答案。

从婴儿开始，到童年、少年、青少年，再到孩子的感知发展、记忆发展、思维发展、注意发展和语言发展，教育孩子是有规律可寻的。举个例子，很多人都可能没有听说过"狗鱼效应"。

有一种产于日本北海道的稀有鳗鱼，生命非常脆弱。它一旦离开深海，很快就会死去。一个老渔夫每天都出去抓这种鳗鱼回来卖。奇怪的是，他的鳗鱼不仅没有死去，反而肉质异常鲜美。这一点，是其他渔民无论如何如何也做不到的。

活鳗鱼非常昂贵，老渔民的家几年内靠鳗鱼发家致富。老渔夫在弥留之际，悄悄地把他的秘密传给了儿子。原来每次捕到鳗鱼，渔夫都会在鳗鱼缸里放上另外一种鱼——狗鱼。狗鱼和鳗鱼是天然的敌人。进入鳗鱼群的狗鱼会四处游动，到处溅起水花。为了对付狗鱼，鳗鱼竭力反击。一直处于紧张状态中的鳗鱼充分调动自然求生的本能，所以一直保持着很强的生命力，所以不仅鲜活，而且肉质紧，做菜以后口感很好。这就是著名的"狗鱼效应"。

在大自然中，"狗鱼效应"很普遍，比如，科学家们发现鹿群一旦缺乏狼等天敌在周围，它们就缺少危机感，不再奔跑，身体素质就会下降，种群繁衍就会大受影响。人也一样，稍有竞争的环境，会让我们充满斗志。而一旦没有竞争和压力，就很容易自满和懒惰，不思进取。能正面看待周边的压力，适当用来激励自己，结果反而会发现自己能做的事情越来越多，活出了不一样的精彩，成为了一个更有价值的人。

其实，从两个儿子身上，我们也看到了"狗鱼效应"：哥哥会弹的钢琴曲弟弟也一定要学一学，哥哥能弹跳触摸的高度也是弟弟的目标。而体能优秀的弟弟能在一分钟内做 50 个仰卧起坐，在很长一段时间里成了哥哥追赶的目标。两兄弟在你追我赶的过程中虽然总是有小摩擦，但是也为他们迈出自己的舒适圈，产生了一些良性影响。

我们夫妻之间，虽然各有各的优缺点，但是先生的跑步劲头也激发了我锻炼的热情，我对教育类书籍的关注也拉动了他育儿的责任感。好的"狗鱼效应"能让家人不断找到新的前行目标。

积极的心理暗示很重要。教育心理学里有一个"翁格玛丽效应"。话说有个女孩，名叫翁格玛丽，长得不是很漂亮。但是，她的家人和朋友，都给她信心，从旁鼓励，每个人都对她说："你真美。"由此，女孩有了信心，每天照镜子的时候，都觉得自己很漂亮，也在心里对自己说："其实，你很漂亮。"渐渐地，女孩真的越来越自信，越来越漂亮。由此，"翁格玛丽效应"指的就是正面的心理暗示能带来实际的变化。暗示自己：你很行，你能做得更好。以此来鼓励自我、挖掘潜力、增强信心。

知道这个以后，我们也把它用在了日常生活中。当孩子不敢报名参加学校的跑步比赛的时候，我们会说："我看到你每天都在坚持跑 30 分钟，是时候展现自己的'飞毛腿'了!"当孩子想放弃学画画的时候,我们会鼓励他:"每次看到你的画,我都会想,你是怎么可以把眼睛看到的这么真实地画下来呢?好像笔很听你的话一样。我真希望我也有这种超能力。"渐渐的,孩子会更加愿意展示自己的"飞毛腿"和"神笔马良"的一面。

面对不断成长的孩子,大部分父母是在毫无经验的情况下疲于应付,只能用科学的方法来"神助攻",帮助孩子成长进步。

| 思考工具 |

爸妈的书单

把您读过的书或者想读的书列一列:

脑科学　　　　　　　儿童教育学　　　　　　儿童心理学

第九章 / 练得成学霸

除了读书,还有哪里可以获取育儿知识,不断成长?

第十章 带得动学渣

让孩子专注真难

除了教育类和心理学类的书籍，管理类的书我也一直特别喜欢。虽然很多管理类的书是针对企业管理的，但我觉得，很多好的管理方法对家庭教育也有帮助。比如，时间管理和自我反思。我把自己的实践经验记录下来，供您参考。

有人做过这样的统计，我们一般每8分钟会受到1次打扰，每小时大约有7次干扰，每天我们面临50—60次甚至更多的打扰。如果说，平均每次打扰大约是5分钟，那么我们每天大约有4小时是在应付打扰。如果按照一天8小时的工作时间计算，也就是约50％的工作时间在处理干扰。其实，大部分的打扰是没有价值和意义的。同时，人被打扰后，重拾起原来的思路至少需要3分钟，每天大约就是2.5小时。根据以上的统计数据，可以发现，每天因打扰而产生的时间损失约为6.5小时，按8小时工作制算，这占了工作时间的 80%。这样看来，时间损失是触目惊心的。而番茄工作法的诞生就是帮我们应付打扰的。

番茄工作法（英语名：Pomodoro Technique）是一种时间管理法，在 20 世纪 80 年代由弗朗切斯科·西里洛（Francesco Cirillo）创立。该方法使用一个常见的番茄形状的定时器来分割出一个一般为 25 分钟的工作时间和 5 分钟的休息时间，而那些时间段被称为 pomodoros，为意大利语单词 pomodoro（番茄）。我们常常一天庸庸碌碌地"忙"过去，但是到了晚上却发现一天下来什么进展都没有，于是怀着愧疚的心情又在晚上挑灯夜战，或者怀着"明天一定好好努力"的美梦睡去。很多时候，我们希望找到灵丹妙药，希望在短时间内速成。然而事与愿违，往往尝试一段时间后发现并没有让自己发生翻天覆地的变化。

换个思路，以 25 分钟为一个番茄钟周期，周期开始时用计时器计时，抛弃脑中的时间焦虑，全身心投入手中的工作中，直到闹钟响起，立刻停止工作。以短时间作为目标，增加工作完成的满足感。番茄钟之间用 5 分钟进行深度休息，劳逸结合，激发下个番茄钟工作的动力。

番茄工作法有五个基本步骤：

第一步：决定待完成的任务。

第二步：设定番茄工作法定时器至 25 分钟。

第三步：持续工作直至定时器提示，记下一个 x。

第四步：短暂休息 5 分钟。

工作25分钟　休息5分钟　工作25分钟　休息5分钟

第五步：每四个 x，休息 15—30 分钟。

番茄工作法能改善拖延症、减轻时间焦虑、提升集中力和注意力、减少中断，改进工作学习流程、精确地保质保量。在我们指导的学生当中，番茄工作法能帮助他们有效改善三个方面：帮助孩子抵挡诱惑、克服畏难情绪、帮助做完想做的事情。我们有个学生小林说："之前觉得看下手机没什么问题，但是往往就此打断了学习状态，不刷到没有新内容或者愧疚感爆棚是不会回到学习中的。"番茄钟的第一个作用就是打消做这些小动作的念头，尽力保持注意力集中，想着等到休息时间再去看，其实往往到了休息时间，反而觉得没有必要利用宝贵休息时间漫无目的刷手机了，还不如上个洗手间，或者做几个深蹲，或者到外面呼吸一下新鲜空气。

对于克服畏难情绪，很多人面对不断逼近的截止日期，心里很担心，反而更难开始。而番茄工作法的特点之一就是帮助我们专注于当下，即使任务很难，我们也只想着先完成当下的这个番茄。万事开头难，开始第一个番茄后总是会渐渐摸索出解决任务的办法，剩下的就水到渠成。

番茄工作法也能帮助孩子完成自己想做的事情。很多学生的计划永远停留在纸面上,通常的原因是时间分配不合理。如果在不同任务之间分配的时间和优先级不理清,就很容易出现计划和实际进展没法同步的情况。用番茄法来记录和分析,根据自己的能力和需求来合理安排,每日的工作量自然能完成。

其实番茄工作法也提供了一种训练自控力的方法。例如如果一开始在25分钟内坚持不下来,就应该把番茄时间先设置成20或者15分钟,根据自己的能力逐步提高一个番茄时间的长度。这意味着,你能保持注意力的时长也在逐步增长。

好的工具是顺应人的天性的,是人身体或精神上的自然延伸。正如运动对于身体素质的提高作用,番茄工作法事实上是一种对人自控力的训练方法在现实中延伸,而不是从外部强加于人的法则。从去年开始我们自己也使用番茄法,读书的效率大幅提升,其中一个原因就是专注,在读书的时候,我们几乎不做别的。对于番茄工作法,我们认为开始的时候,可以严格地遵守,养成习惯以后,就可以灵活地应用,抓其实质,而非形式。在家庭教育方面,我们也在做一些小实验,希望帮助还在上小学的儿子开始养成这个好的习惯。2020年3月,由于新型冠状病毒疫情的扩散,各个州宣布进入紧急状态,孩子的学校也马上宣布停课,让孩子在家学习。我们的两个儿子一个上小学四年级,一个上小学二年级,还缺乏相应的自制力。在宣布停课的第一天,我们就给孩子们做了十个小番茄,每个约20—30分钟,根据情况可以做微调。

"番茄"内容	实际完成一个"番茄"的时间
1. 阅读自选的书	
2. 完成可汗学院的数学网课	
3. 弹钢琴	
4. 画画	
5. 运动（外出跑步或者在家里锻炼）	
6. 练书法	
7. 打字练习	
8. 玩乐高	
9. 下棋	
10. 上网看视频或者玩网络游戏	

新冠疫情期间宅在家的每一天，孩子自己根据自己的心情来决定先完成哪个"番茄"，但是要完成前九个番茄，才可以享受第十个番茄。每次在开始任何一个番茄的时候，孩子们自己计时，完成一项登记一项。施行几天下来，他们都能自觉地遵守和完成。有时候某个喜欢的活动会做很长时间，比如乐高、下棋、阅读，有时候有些活动会勉强才能凑满20分钟，比如练字或者练钢琴。但是，他们总有事情忙，不会抱怨很无聊，或者老想着蹭爸妈的手机玩。可以说，在2020年春季宅家上网课的疫情期间，没有这个番茄时间管理的办法，我们还真不知道怎么管好这两个精力旺盛的家伙。

番茄工作法在实践中确实能帮助我们提高时间的利用率，但是必须承认的是，它也有很多局限。你用了番茄工作法，也不意味着你就是能抵挡各种诱惑的人。我们的建议是,番茄工作法是一个锻炼自控力的方法,而不是保证药到病除的十全大补丸。一个珍惜生命、珍惜时间的人,头脑里会有一个无形的番茄钟,时刻在提醒。最终,也只有提高自己的自制力,番茄工作法才能帮助自己长久改善生活。

| 思考工具 |

小番茄的大学问

工作25分钟 → 休息5分钟 → 工作25分钟 → 休息5分钟 → （循环）

事项名称	事项内容	需要几个番茄 (需要多少个 25 分钟?)

续　表

事项名称	事项内容	需要几个番茄 (需要多少个 25 分钟?)

| 思考工具 |

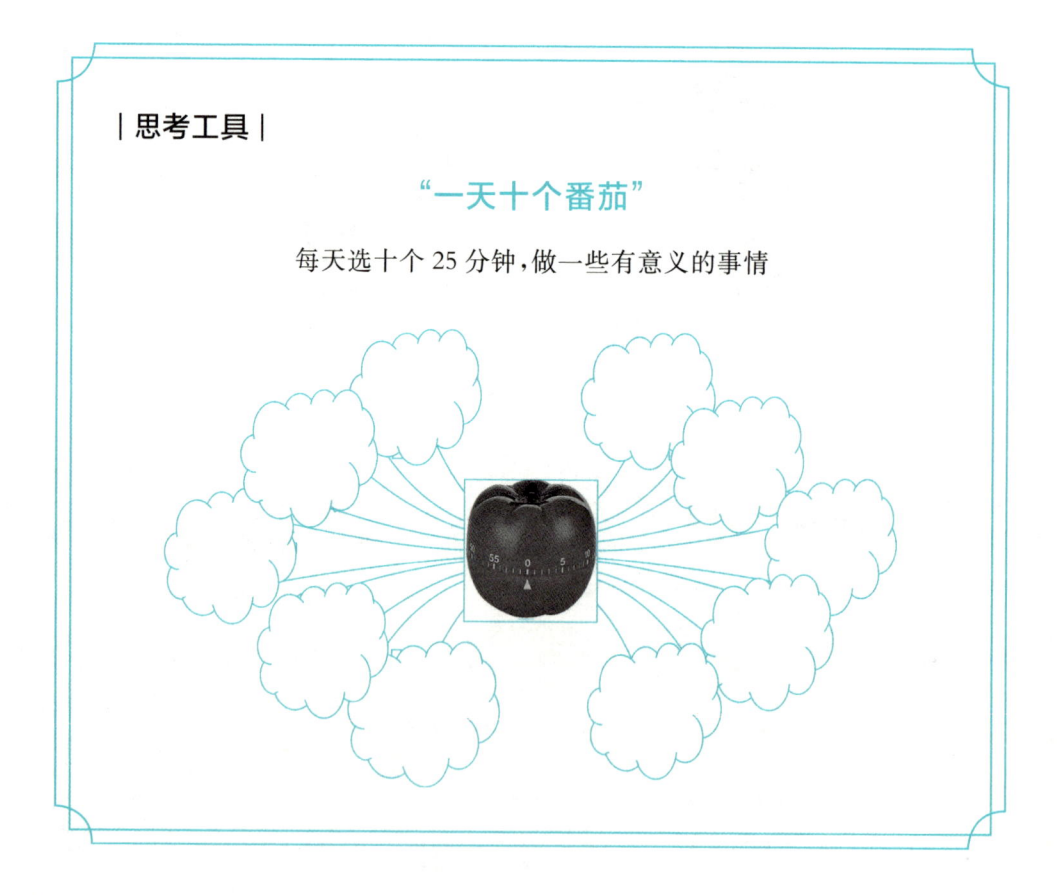

"一天十个番茄"

每天选十个 25 分钟，做一些有意义的事情

怎么让孩子学会反思?

著名教育家、哲学家冯定教授这么比喻人生:"人生就像解方程,运算的每一步似乎无关大局,但对最终求解都是必要的。结果往往令人神往,我们却更喜欢过程本身,过程就是结果的奥秘所在。"我们认为,这个精辟的哲理对家庭教育很重要,因为教育的奥秘是在"过程"之中。人生旅途与"解方程"确实有某些类似之处。数学上求解方程,有时是相当复杂而繁难的。解的过程,都要经过许多步骤,解决若干疑点与难点,最终串连起全部环节,推导出方程式正确而完满的答案。华罗庚也说过:"科学上的发现都是日积月累长期辛勤思考的结果,都是每一步看来不难,但却是步步积累的结果。"在家庭教育中,不断进行反思和总结,才能走好每一步。

+/Δ 评估法这个图看上去很简单,左边一个加号,右边一个三角形,中间用一条线隔开。在图里,"+"代表的是目前的优势、进展顺利的地方、有效的成功方面以及希望发扬光大的特质;"Δ"(英文 delata)的中文音译是德尔塔或者德耳塔,是第四个希腊字母。"Δ"并不等于完全的"负面",而是更倾向于"变数"和"差异",也就是值得改进的地方。+/Δ 帮助孩子反思,并寻找下一步行动的方向,适合阶段性的总结。比如,我们家爸爸是一个画画爱好者,平常喜欢跟孩子一起画画。受爸爸影响,两个儿子都喜欢画画。为了鼓励儿子不断精进,我们喜欢用 +/Δ 的方式给彼此的画作做评论。对于子曰的一幅画,我们会分别提出自己喜欢的地方(设计、构图、着色等），也会提出可以做得更好的地方。慢慢地，孩子们习惯了这种一分为二看问题的方式，得到的反馈也不是简单敷衍的"很棒啊！""不错哦！"，而是能很具体地知道自己哪些具体优势值得欣赏和保留，这对提高孩子的自信心有好处；同时，也让他们知道还有哪些地方可以做得更好，孩子习惯听到一定的建设性的批评，能培养好心态——毕竟世界上没有完美的终点，只有不断改进的过程。

+：画得好的地方　　　　　　△：可以改进的地方

在操作部分，我们还分享了另外两个模版，一个加上了"绝对不要再做的地方"以及"值得推广的经验"，这样更加丰富了反思的方式。

| 思考工具 |

反思工具+/△

+：做得好的地方　　　　　　△：可以改进的地方

+：做得好的地方	△：可以改进的地方	👎：绝对不要再做的地方

+：做得好的地方	△：可以改进的地方	💡：值得推广的经验：

一起玩，是最好的学习

玩的好处是很多的。玩让孩子们在发挥想象力、灵活性以及身体、认知和情感力量的同时发挥创造力。玩对健康的大脑发育很重要。正是通过不同的玩法，孩子们在很小的时候就能与周围的世界互动。玩让孩子们能够创造和探索一个他们可以掌控的世界，克服他们的恐惧。当他们掌控自己的世界时，玩帮助孩子们

和孩子玩甩高高

权当练投篮好了！

发展新的能力,增强他们面对未来挑战所需的信心和弹性。玩可以让孩子们学会如何在团队中工作、分享、协商、解决冲突和提升自我学习技能。通过玩,孩子可以发现他们自己感兴趣的事情,能在尝试中发展自己的兴趣爱好。与玩手机这种被动娱乐相反,跟孩子玩能建立积极、健康的生活态度,还能锻炼身体。

陪孩子玩,父母有机会深度观察和理解孩子,学会从孩子的视角看世界。有机会一窥孩子世界的父母能学会更有效地与孩子交流,提供适时的、适合孩子的指导帮助,比直接说教要强很多。通过玩中的互动,孩子和父母建立或者牢固情感关系。平日说话不多的孩子可能通过玩来表达他们的观点和情绪,让父母有机会更充分地理解他们。总而言之,玩给父母提供了一个与孩子充分互动的绝佳机会。不玩的孩子通常充满焦虑,到了青少年阶段,很容易转化成抑郁或其他的心理问题。

对于很多家庭而言,陪孩子好好玩一场的确很奢侈。一方面现在孩子自由玩的时间明显减少了。现代生活节奏太快,大家都很忙,学习压力大,玩更像浪费时间,还不如刷题实在。好不容易可以全家一起玩,却不知道该玩些什么,以及该怎么玩。在这里,我们分享一下跟孩子亲密互动的好方法:

- 十个问题:孩子问爸妈十个问题,爸妈必须如实回答。
- 制作手工艺:一起动手做个手工艺品。
- 烘焙/烹饪:一起做顿饭或者烘焙一个蛋糕等。
- 孩子做爸妈十分钟的老板:孩子可以指使爸妈做一些事情,尝试当家作主的感觉。

- 骑自行车：一起出门骑车。
- 猜谜游戏：孩子出题爸妈猜。
- 乐高玩具：陪孩子搭个乐高。
- 跳棋/象棋/扑克：一起下棋打牌。
- 云观察：某个天晴的日子，一起躺下来往天上看，看到了什么？
- 收集自然界中的物品（松果、岩石等）：一直收集一些东西。
- 涂色画画、创作艺术字：一起画画，或者做个艺术创作。
- 丢沙包：可以自己做沙包，丢沙包。
- 针织/刺绣：一起做个刺绣品，给家里添新的装饰。
- 纵横字谜：英文的纵横字谜游戏。
- 玩飞盘：出去玩飞盘，全家健康生活。
- 美甲、美发、化妆：可以要孩子帮自己美容一把。
- 制作贺卡：一起做一张卡片，送给想感激的人。
- 捉迷藏：全家一起玩，可以嗨翻天。
- 跳房子：在家门口地上，用粉笔画出格子，跳一跳。
- 一起唱卡拉OK：每个人都一展歌喉。
- 挑选礼物：一起筹划今年给家人的生日礼物以及节日礼物。
- 填歌词：找个熟悉的旋律，重新填填歌词。
- 自拍：一起跟孩子玩各种好玩的自拍。
- 数学游戏：出点题目考考彼此。
- 音乐欣赏：相互推荐喜欢的歌曲，一起听音乐。
- 散步：牵着手在外面走一圈，是最简单的幸福。

- 装饰房间：一起装饰家里的房间。
- 宠物浴：一起给心爱的宠物洗澡。
- 做本相册：整理一下家庭合影，一起做本电子相册或者翻页相册。
- 寻宝游戏：设置寻宝活动或者地图，一起找一找家里的宝藏。
- 摄影：学着拍出更好的照片，或者按照主题拍摄，然后大家分享欣赏。
- 学乐器：大家一起学个简单乐器。
- 学一个新的手机软件（app）：下载新的手机软件，一起来学一下。
- 一起阅读：选本好书一起读。
- 研究一些你不知道的东西：找一个感兴趣的话题，一起研究。
- 喝茶：学学茶道也不错。
- 写故事：可以家长写一行，孩子写一行，看看最后会有怎样精彩的故事。
- 说说爸爸妈妈小时候的故事。
- 创作搞笑片段或者歌曲：然后一起表演。
- 一起拍摄短视频。

这么多的亲子互动方法，总有一些是您喜欢，孩子也喜欢的。祝福大家跟孩子玩得开心、玩得尽兴。

有一次，我们决定利用一个长假陪孩子好好玩一场，但是发现孩子喜欢的要么是适合他们年龄阶段的网络小游戏，要么是乐高、卡片收集。人到中年的我们，实在是提不起兴趣来陪孩子玩这些"小儿科"的东西。而爸爸喜欢的园艺、木工、跑步，孩子们也不感兴趣。妈妈喜欢瑜伽和音乐会，连爸爸都觉得很难找到共鸣，孩子更加不喜欢了。于是，我们决定用文氏图，也就是在大家喜欢玩的所有的东西中，找到交集。

首先，妈妈写下了她最喜欢的点子：看电影、瑜伽、旅游、慢跑、读书、听音乐、打保龄球、弹钢琴、唱歌、摄影、做小视频等。

爸爸喜欢看动物世界、木工园艺、骑车、远足、打扑克、下棋、斯巴达勇士障碍赛、跑步、划船、读书写作等。

我们的两个儿子最喜欢：乐高、收集卡片、读漫画、画画、游泳、各种球类运动、骑车、各类电脑小游戏、看网络视频等。

经过寻找交集，我们发现全家都喜欢的事情是旅游、看电影、保龄球、打扑克、散步、读书。这样，每个周末，我们会安排两三个大家都喜欢的活动，全家一起参与。

(男孩子们通常喜欢在野外疯玩，妈妈就充当后勤部长和摄影师吧！)

我也问了在读高中的表弟,现在的青少年最喜欢什么?这是他给我的清单:王者荣耀、和平精英、英雄联盟、反恐精英、NBA篮球、机车、嘻哈、说唱、潮牌、B站、短视频、奢侈品、电影、电视剧、追星等。这里强调一下,他是一个在国外读书的高中男生,可能跟女孩子喜欢做的事情不一样。

爷爷奶奶来跟我们住的时候,我们也问了他们老年人喜欢什么,奶奶说美食、旅游、健身跳舞、琴棋书画、养花这种修身养性的活动;而爷爷喜欢拍照、看政治类书籍等等。

所以啊,全家人要能玩到一起还真的不容易。但是通过商量沟通,找一两个大家都喜欢的活动全家一起玩,能增进彼此的了解。

童言童语

博物馆门口有一个人物雕塑,哥哥问:"他死了吗?"

爸爸回答:"死了。"

哥哥继续追问:"怎么死的?"

妈妈接话:"打仗死的。"

在后排的弟弟显然在留意我们的对话,但是没有完全明白,转头问哥哥:"怎么死的?"

哥哥告诉弟弟:"妈妈说是胀死的!"

| 思考工具 |

全家一起玩

全家坐在一起讨论一下大家最喜欢什么？看看是否能找到交集，找到每个人都喜欢的活动，然后计划一下，让孩子和大人都开心地玩一玩。

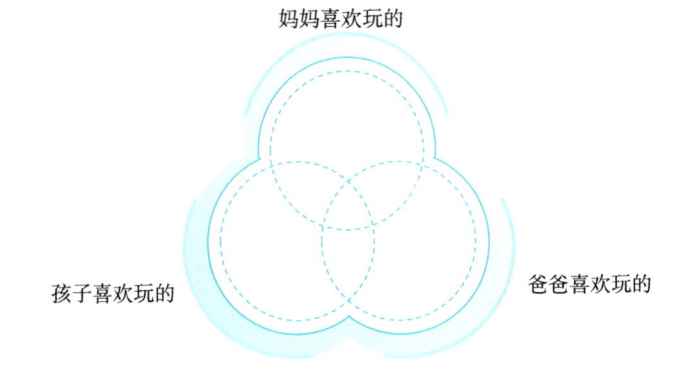

妈妈喜欢玩的

孩子喜欢玩的　　　　爸爸喜欢玩的

全家都喜欢的活动：

第十一章 看得破大局

家是另一个学校

有一天，我们发现两个孩子把脑袋凑在一起，在设计自己的人生。他们做了一个流程图，把人生的重要事情都思考了一下：比如学不学乐器、会不会体育、懂不懂数学、上不上大学等。最后，儿子得出的结论是自己一定会"长生不老"，因为自己好像一直在做"正确"的选择。谁说孩子不会思考人生？

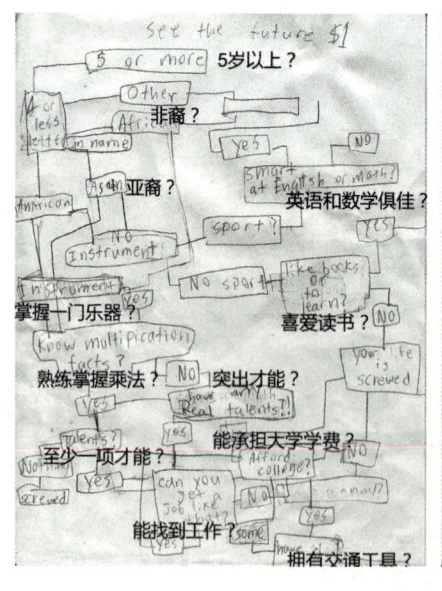

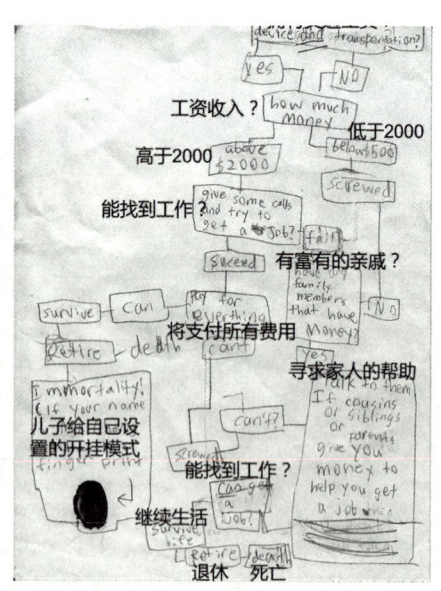

小儿子搂着爸爸的脖子说:"爸爸,我想了一下,长大以后不要孩子,因为我看你带孩子好辛苦啊!"爸爸摸摸他的小脑袋说:"小子,没有你,爸爸也不懂人生啊!你哈,还有至少二十年可以思考这个问题。咱不急着现在就把一辈子事都想清楚啊!"

是啊,未来是未知的。我们很难真的看清楚自己所做的是否能帮助孩子走在正确的人生道路上。我们能做的,就是不断学习,用自己的方式,诠释教育的涵义并做一些有意义的安排。

以下是我们对于孩子成长的思考。

"孩子早些知道自己没有天赋挺好的!"

"孩子早些知道自己没有天赋挺好的!"这句话是我在一次华人家长聚会时听到一位爸爸说的。乍一听,我暗自揣测,是不是孩子求学的道路不太顺利,或者爸爸是多么心大啊,居然说出这种话,结果发现我太武断了。

这位家长的大儿子毕业于美国名校加州大学伯克利分校,小儿子正就读于藤校宾夕法尼亚大学。据他说,大儿子早早的就像赶集一样毕业了,小儿子毕业后计划去当老师。

他说:"我大儿子觉得,他在大学所选的专业领域没有什么天赋,将来也不会在这个领域继续深造,所以就选择快点毕业,去一家创业不久的小公司工作。结果,他很快发现自己也不喜欢这份跟硬件打交道的工作,于是又赶忙换了个自己喜欢的工作。"

"这样会不会太折腾啊?"我关切地问道。

这位爸爸回答:"他总是说,别人比我有天赋多了,与其浪费时间和有天赋的人竞争,不如早点找到自己有天赋的方向和领域。他小时候曾经尝试画画,但觉得自己缺乏天赋,羡慕画得好的同学。后来尝试跳舞也一样,笨笨的体态,也早早就放弃了。可是唱歌和打球就不一样了,他进步很快。他的声乐老师和体育老师都说他在这方面比较有灵性,短短几个月的时间,水平就赶超已经学了快一年的小伙伴。"

这位家长沉思了一下,接着说:"每个孩子都有自己的特点吧。我家老二就很喜欢教书,喜欢写教材,他能安下心来,从一而终地把一件事情做好。暑假实习时,他就是去教书和编写课程。老实说,我对两个儿子没有特别的要求。他们能做让自己开心的事情,能在社会上立足,能养活自己就好啦!"

"宾大毕业出来做老师,会不会有点屈才啊?"我略有些好奇地问道。

那位家长补充说:"作为家长,我们常常喜欢按自己的眼光去安排孩子的未来,可是每个人的天赋不同,东边不亮西边亮,早一点知道自己在哪方面不擅长,且没有天赋,未必是件坏事。"

这让我想起一位禅师和他弟子的一番发人深省的对话:

禅师问弟子:"你觉得是一粒金子好,还是一堆烂泥好?"

弟子回答:"当然是金子啊!"

禅师笑曰:"假如你是一颗种子呢?"

这个世界上并没有绝对的好与坏,适合你的,其实就是最好的。而早一点发现自己没有天赋的地方,犹如田忌赛马,可以把时间精力放到更加有天赋的领域去,岂不更增加成功的机会?鹰击长空,鱼翔潜底,自然界万千生物,因为找到适合自己的位置才使世界丰富多彩。每个人都有每个人的天赋,发现自己有天赋的事情,就是走向幸福的第一步。同样,每个人都是独一无二的,适合别人的东西也未必适合自己。只有找到适合自己的,才能让人生绽放光芒!

什么比成绩更能预测一个人的未来成就?

有很多家长觉得成绩就是一切。一位中国家长咨询我,女儿参加美国高考 SAT 考试成绩 1550,要不要再加把劲冲刺一下 1600 满分,这样可以冲刺更好的学校?我回答:"如果把成绩从 95 分提高到 100 分,需要花费 120% 的时间和努力,倒不如把时间和精力放在和成绩无关的课外活动和个人品质的体现上。此外,好好花时间研究一下适合孩子的大学,这样也许能更加有效利用时间。"

家长的脸上写着一个大大的问号,仿佛不是很赞同。其实,我能理解家长的心情,毕竟在高考这个战场上,"一分甩掉一操场"、"多考一分干掉千人",失之毫厘就会谬以千里。我们自己曾经层层突围,靠着"一考定终生"的录取规则,过五关斩六将。所以,在面对自己孩子的大学申请的时候,难免陷入典型的"唯分数论",觉得大学申请只认成绩和分数。

1550 和满分 1600 的 SAT 分数,在学术水平上的差距并非天壤之别,而要跟竞争对手真正拉开差距的是其他的"软实力"。不少家长清楚美国大学的录取规则，所以从小重视孩子的全面发展，以北京、上海等一线城市为例，很多学霸孩子都是自带灯光，舞美吹拉弹唱一人可以一台戏。在美国，好学校对学生的艺术、音乐和体育有很高的要求。学生的日常时间表排得满满的，几乎所有同学放了学，都背着书包、扛着乐器、抱着练习册，一个个地赶场去训练、排练，上课外兴趣班。

美国大学录取究竟看什么？美国大学的录取是全面的评估体系（holistic review），考试成绩优秀，并不能成为进名校的保证。美国的大学要求的入学申请材料，远远不止考试分数，而其他材料和成就的积累，需要花费多年的时间。这个全面评估的区间，基本上集中在了高中，也就是招生官认为一个学生在进入大学之前，最有代表性的四年时间。这也是为什么美国的大学不仅仅只看成绩，而是选择全面的、多方位的去了解学生。虽然这不是一个完美的系统，但是对于仅凭成绩来决定大学录取，课外活动有时候比学习成绩更能预测一个人的未来成就。

究其原因，读书考试是由老师或者升学压力驱使的，属于外部驱动力，而课外活动是自发的，由自己驱动，属于内驱力。决定未来成就的往往是内驱力，是在某个领域长期的坚持。有内驱力的学生，课外活动有一两项突出的学生，日后更有发展潜力。

课外活动不是简单的罗列和堆砌，应该充分围绕着受教育和学习这个目的。大多数家长觉得只要课外活动高大上就准没错，但课外活动其实不在于难，也不在于高。真正重要的是通过课外活动，体现了你有什么样的品质、受到了什么样的启发和教育、你是不是有领导力、你有没有敢为天下先的主动性、你是不是在某些方面有特殊的天赋和才能，这些才是课外活动的意义所在。能展示自己科研能力、社区影响力、独特的兴趣和激情、思想深度、成熟度和个人魅力的活动,都是很好的着力点。

怎么选择课外活动?

一直有不少中学生的家长请教我,孩子的兴趣爱好在不断变化,一会儿对足球感兴趣,一会儿对画画感兴趣,即使孩子某一段时间喜欢一样学科或者课外活动,也并不代表孩子将来学习的专业或者职业的方向,并且很多时候大多数的孩子并不了解自己面临哪些选择,也不清楚自己究竟喜欢什么。貌似什么都喜欢,也好像什么都无法深钻进去,游离在中间状态。

这些年,在帮助大量青少年进行教育规划和专业定位的指导工作中,我发现不少家庭,特别是华人家庭,在美国教育体制以及美国大学录取规则这个"指挥棒"要求的全面发展下,推娃项目的"同质性"很高。譬如不少华人家庭培养孩子的课外兴趣爱好,大多一窝蜂地推钢琴、游泳、舞蹈、击剑等这类音体美的课外活动。在华人聚居的地区,各种补习班升学机构也不少,看似琳琅满目,但是性质也都基本雷同,无非就是课外活动和标化成绩。功利性很强,差异性很小,导致不少地区的华人家长之间的同校竞争日益剧烈。

每个家庭的孩子特点不同、经历不同、家长对教育的诉求和期望值也不同。其实没有最好的推法,只有适合自家孩子的推法。换句话说,就是能够最大程度上地结合多方面的需求,也就是孩子的兴趣、特长、社会实用

才能天赋

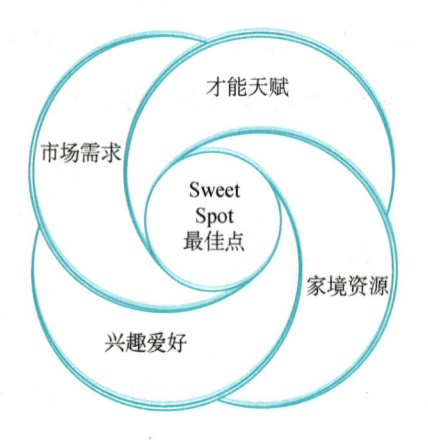

市场需求

Sweet Spot 最佳点

家境资源

兴趣爱好

性、家长能够提供的资源这些的交叉点。

孩子的兴趣爱好需要时间慢慢发掘，而不少音体美的课外活动往往需要大量人力物力时间精力的投入，效果其实是个大问号不说，能把孩子推成这方面专家的可能性也较小。很多家长也明白，这些仅仅是课外爱好，并不主张孩子把它作为谋生的手段。相比之下，一些家长结合孩子和家庭的特点，可能会考虑基于自身理工科的特点，推编程语言。譬如，孩子的数学和逻辑思维能力比较强，思维缜密，或者家中有一位家长是从事计算机相关的工作，那么编程就是一个不错的选择。

我们觉得家长的资源引导很重要。如果我们家的爸爸不喜爱跑步，孩子就不会有机会参加费城摇滚5公里跑步的赛事，最终作为参赛年龄较小的选手，还被举办方采访，过了一把小明星的"瘾"。如果爸爸不喜欢障碍赛，也不会带孩子去参加斯巴达比赛，而在备赛的过程中锻炼出来的上肢力量和身体协调性，也让他们在后来的球类运动和田径项目上占据优势。

如果有机会能带孩子去了解、尝试和学习家长熟悉和从事的行业和专业，孩子可能比其他同龄人走得更顺，走得更远。

| 思考工具 |

孩子的最佳点在哪里?

孩子的才能天赋:

孩子的兴趣爱好:

市场需求分析:

家境资源:

最适合孩子发展的最佳点:

第十二章 卜得到未来

曾经,有三场对话让我们记忆深刻:

(1)

刘晓:妈,你看现在的孩子多幸福啊,才几个月大,就这么多的玩具。我记得我小时候,一个玩具都没有!

刘晓妈妈:是啊,但是你小时候从没有饿过肚子吧?我小时候,能吃饱饭就是谢天谢地了!

我们感慨:真的,三代人,时代变迁,一代比一代幸福。

(2)

餐桌上,全家在聊 2019 年的电影《误杀》,谈到性教育问题。

18 岁的表弟:现在社会,18 岁以下偷尝禁果是正常的了。

程毅:我读大学的时候,晚上 12 点听个"午夜悄悄话"都会面红耳赤。

程毅妈妈:我年轻时,能自由恋爱结婚都算是特超前了。在妈妈那个年代,结婚是父母之命、媒妁之言,结婚当天,新郎和新娘才能见面!

我们感慨:几十年的时间,社会变革很大,人们的观念也变化很大!

(3)

我带高中生春游,车上有几个十五六岁的女孩子在讨论:

女生一:你猜我们老了的时候,这个世界会变成什么样?

女生二:肯定变化很大啊!你知道吗?我爸爸说他以前打电话是用那种翻盖手机呢!

女生三:太老土了吧!现在座机都基本消失了!

女生一:是啊,我估计我们老的时候,告诉孙子我们曾经用的是有线耳机、触屏手机,早已习惯人工智能的他们会很奇怪地说:"什么?手机?没听过你说的古董!"

我们感慨:科技日新月异,今天最先进的科技,在明天就是昨日黄花。

您是不是也有有过这种类似的感慨:现在世界变化真快啊!我们的孩子生活在一个如此崭新的时代:新的产品、新的科技、新的观念在不断产生。而父母,一边要应付工作和家庭的琐事,一边要紧跟时代发展,一边还要未雨绸缪,为孩子看不见的未来操心,真心不易!

什么是真正的"学习"

巴克明斯特·富勒是 20 世纪的发明家和梦想家,他创造了"知识倍增曲线"。这个"知识倍增曲线"分析说,知识翻番的周期在不断缩短,也就是在不断加速。1900 年以前,人类的知识几乎每个世纪翻一番,而 1945 年二战结束时,知识每 25 年翻一番。后来,所有的知识都是爆炸性增长,不同类型的知识有不同的增长速度。例如,纳米技术知识每 2 年翻一番,临床知识每 18 个月翻一番。但人类的知识平均每 13 个月就会翻一番。到 2020 年,人类知识每 12 小时翻一番。

在知识更新的反面,知识过时的时间也在不断缩短。根据科学研究:半个世纪以前新知识可能够用 30—50 年,今天很可能 3—5 年、甚至更短时间就过时了。所以,今天的人们,需要的不仅仅是记住知识的能力,更需要具备应用各类工具、持续高效学习和翻新知识的能力。

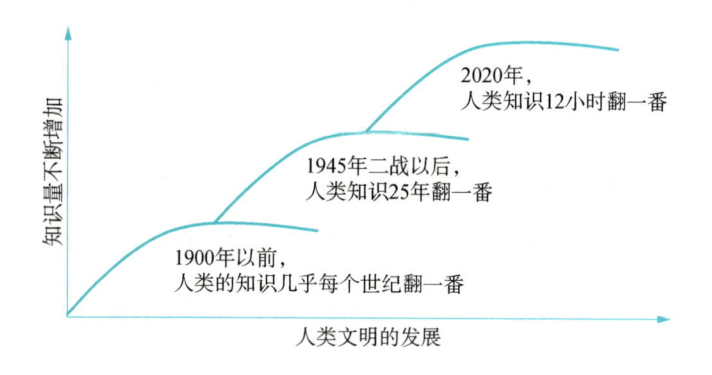

这几年,新出现的事物和现象层出不穷,新的词汇也不断产生。如果没有不断学习的能力,感觉很快就会落伍。

我发现孩子总能找到一些新的游戏和玩具来挑战我的认知。儿子有段时间特别迷恐龙,然后缠着我买了很多恐龙的绘本。说实话,我都不知道有那么多恐龙!而且每个的名字都好长啊!

大儿子子曰笑话我一个都读不出来,我瞪着他:"你读给我看看!"结果他不仅全部读出来,而且还耐心地解释这些恐龙的特点,果然后生可畏啊!

还有一次,两个儿子向我介绍同学们都在玩的游戏,说得津津有味,但

第十二章 / 卜得到未来

是我却几乎没有听懂,大部分的概念和词汇对于四十岁的我来说,竟然都是第一次听到!

我记得曾经去参加一个有关教育的国际论坛时,一位学校的校长说:"不得不承认,社会发展迅速,在高度信息化数字化的今天,各种移动设备拥有前所未有的处理和储存能力,能够轻易获取相关知识,并将数十亿人连接了起来,从而释放出无穷的潜力。而人工智能、机器人、物联网、无人驾驶汽车、3D打印、纳米科技、生物科技、材料科学、能源储存和量子计算等科技领域的最新突破

(参加国际会议的几天,我有机会走进不同的学校参观学习,跟不同的校长对话。)

更创造了无限的可能性。"

我感慨说:"啊!?那是不是等我儿子长大,找工作以后回家跟我说,我都听不懂他说的工作是什么。"

校长点了点头:"那太正常不过了!所以,我们这一代很难真正'规划'孩子的未来,因为我们都不知道未来是什么样子。"

俗话说:"父母之爱子,则为之计深远。"那作为父母,我到底应该怎样帮助孩子应对未来的发展需求呢?尽管我一直渴望走在教育的前沿,但是无法高瞻远瞩、预见未来。

这时,校长替我支了一招:"你们可以看一看OECD发布的《教育2030学习指南》啊,我戏称之为'家庭教育2030计划'。"后来我查了资料。世界经济合作与发展组织,简称经合组织(OECD),是由38个市场经济国家组成的政府间国际经济组织,旨在共同应对全球化带来的经济、社会和政府治理等方面的挑战,并把握全球化带来的机遇。OECD有一个项目叫做"教育2030:未来的教育与技能",旨在帮助学校培养学生的知识、技能、态度和价值。当然,对于家庭教育,也具有很高的参考价值。

我用一张图把OECD经合组织描绘的2030年教育蓝图,用自己的方式总结和理解了一下:

首先,面向未来的学生肯定需要很好的知识基础。也就是说,在学校里学好基本学科知识还是很重要。所以,全世界的孩子,无论在哪里,学好数理化,学好语言和文学,还是最基本的。但是,学习学科知识不再是简单的传递,更重要的是,老师要教会学生知道如何像数学家、历史学家或科学家那样思考,不断创新,不断扩大学科知识范围,这样学习才有意义,以前

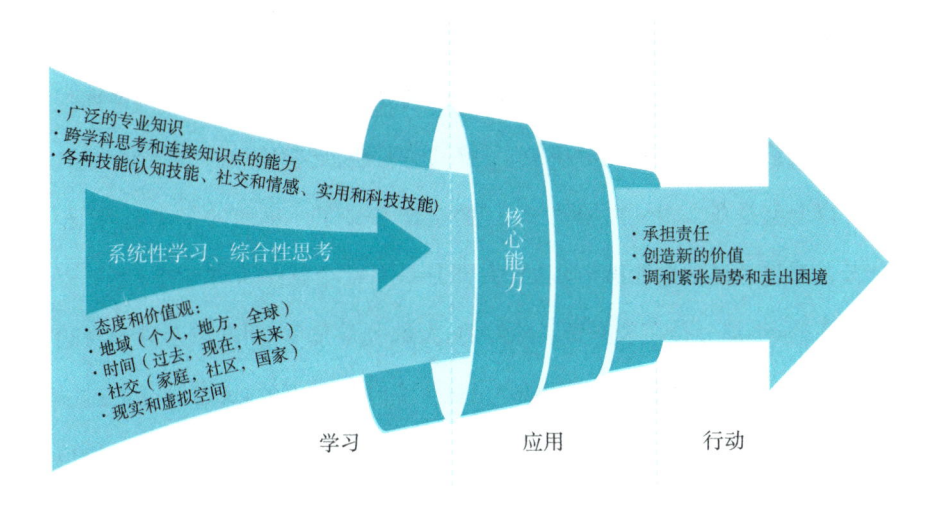

```
·广泛的专业知识
·跨学科思考和连接知识点的能力
·各种技能（认知技能、社交和情感、实用和科技技能）

系统性学习、综合性思考        核心能力        ·承担责任
                                              ·创造新的价值
                                              ·调和紧张局势和走出困境

态度和价值观：
·地域（个人，地方，全球）
·时间（过去，现在，未来）
·社交（家庭，社区，国家）
·现实和虚拟空间

    学习              应用              行动
```

的"死记硬背"是没有办法应对未来的挑战的。

同时，应用知识也很重要，一些程序性知识是特定领域的，有些是跨领域转移的，通常通过实际问题的解决来发展，例如设计思维和系统思考能力。学生需要在未知和不断变化的环境中运用自己的知识。

最重要的，孩子们需要学习各种技能，包括认知技能（如批判性思维，创造性思维，学习和自我调节），社交和情感技能（如移情，自我效能和合作），实用和科技技能（例如使用新的信息和技术设备）等。这种更广泛的知识和技能的使用将通过态度和价值观（例如动机，信任，尊重多样性和美德）来调节。

态度和价值观可以在个人，地方，社会和全球层面体现。虽然人类的生活因不同的文化观点和人格特质而产生的价值观和态度的多样性而丰富，但有一些普世价值观，例如尊重生命，尊重环境等，这在任何地方都是通用的。

未来的人才需要在各种具有不确定性的环境中适应和生存：时间（过去，现在，未来），社交空间（家庭，社区，地区，国家和世界）和以及网络虚拟空间。他们还需要与自然界接触，了解其脆弱性、复杂性和价值所在。

以上就是在二十一世纪，"学习"的全部含义了。里面的很多内容，小部分是通过考试分数能够体现的，大部分是在社会这个大课堂上，才可以学得会的；小部分是在教室里老师教的，大部分是父母、朋友以及孩子身边其他的人，可以帮助强化的；小部分是在孩童时代学习的，大部分是通过一生来实践和扩充的。所以，只是紧盯着孩子的考试分数，用分数来衡量孩子是不是"成功"，是不是太局限了？

校长继续给了醍醐灌顶的指引："现在世界真正需要的人才啊，是具备三类能改变世界的能力的：

"第一类能力：承担责任。承担责任是先决条件。每个人都会根据自己的经历背景和发展目标，或者根据自己接受的教育，来反思和评估对和错。这种能力的核心是自我管理、自我控制、自我效能。发育神经科学的进展表明，孩子的少年期和青春期是培养责任感的最佳时机。

"第二类能力：创造新的价值。创新可以为经济、社会和文化发展提供重要的解决方案。未来社会，需要的人才是能够创造性地思考、研发新的产品和服务、开发新的工艺和方法、用新的思维和生活方式的人。新的企业，新的部门，新的商业模式和新的社会模式会不断产生，越来越多的创新不是来自个人思考和单独工作，而是通过

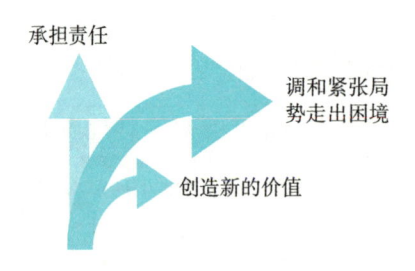

承担责任

调和紧张局势走出困境

创造新的价值

与他人合作,利用现有知识创造新知识,所以孩子的适应性、创造力、好奇心、开放和包容的态度,会让他们成为创新的生力军。

"第三类能力:调和紧张局势,走出困境。在目前不平等但是紧密相连的世界里,小地方发生的事情有时会产生全球影响。未来人才必须学会协调不同的观点和利益点,善于处理不同的情况、局势和困境,提高效率和推进人类文明发展进程。"

这是为人父母以来,我第一次这样系统性地看待"学习"这件事情。这种更加综合的思考方式,帮助我避免狭隘的世界观。在培养孩子这件事情上,从短期到长期的发展,我渐渐有了一定的方向感。

| 思考工具 |

努力的方向

● 我们要努力的方向

● 我们所在的地方

想一想：您希望把孩子培养成什么样的人？您家庭的教育培养目标是什么？您希望给孩子营造一个怎样的家庭环境？您希望自己能成长为什么样的父母？

请列出一些核心的理念和想法：

在二十一世纪，读书是为了什么？

过去的十几年来，我一直在思考：在21世纪，教育的意义到底是什么？作为教育的观察者和实践者，我观察到无论在哪里，好的学校、好的教育有这些特点：

1. 个性化多于标准化

我曾经看到过这样一幅漫画：

一个裁判面前站着不同的动物，有乌鸦、猴子、企鹅、大象、鱼、海狮和狗。裁判说："为了公平，你们都参加一个项目的考核，就是爬树！"

爱因斯坦曾经这么评论:"每个人都是天才,但如果你用爬树能力来断定一条鱼有多少才干,它整个人生都会相信自己愚蠢不堪。"

教育的真正意义在于开发人的潜能,发展人的个性,实现人的价值。我的导师曾经说过:"一棵树苗,有的教育要把它培育成一个盆景,而有的教育只管浇水施肥,长成什么样由它。一块石头,有的教育一定把它磨平,让它跟其他石头一模一样,而有教育只管磨掉最尖锐的角,像什么就是什么。"一个孩子,如果在教育方法下只有一条路——考得比别人好,他就会被磨平很多棱角,很难自由生长。多一些对多样化和对个性化的认同,不同的孩子,即使学习成绩不一定拔尖,但是如果有其他的才能、天赋或者爱好,也同样能在同龄人当中寻找到自己的定位,找到属于自己的成功。

2. 启发多于教给

教育上存在着"授受"教育与"自治"教育的区别。授受教育基本上是书本、课堂、教师三个中心。通过教师讲、学生听,把书本知识传授给学生。小时候,我们都有这种经历,被要求背诵很多的知识点,但是考完以后就基本忘光了,后来在生活当中也很难用上。真正用上的是得到启发的瞬间。

教育应该是人点亮人的事业。我记得儿子上幼儿园时,就遇到过一位这样优秀的老师。

有一次,老师在给孩子们讲完一个故事以后,就对孩子们说:"你们知道吗?这个故事就写在这本书中,这本书是一个作家写的。你们长大了,也一样能写这样的书。"

老师停顿了一下,接着问:"哪一位小朋友也能给大家讲一个故事?"一位小朋友立即站起来。"我有一个爸爸,还有一个妈妈,还有……"幼稚的声音在厅中回荡。然而，老师却用一张非常好的纸，很认真、很工整地把这个语无伦次的故事记录下来。

同时，老师出示了一个"故事山"，告诉孩子们故事的构思：

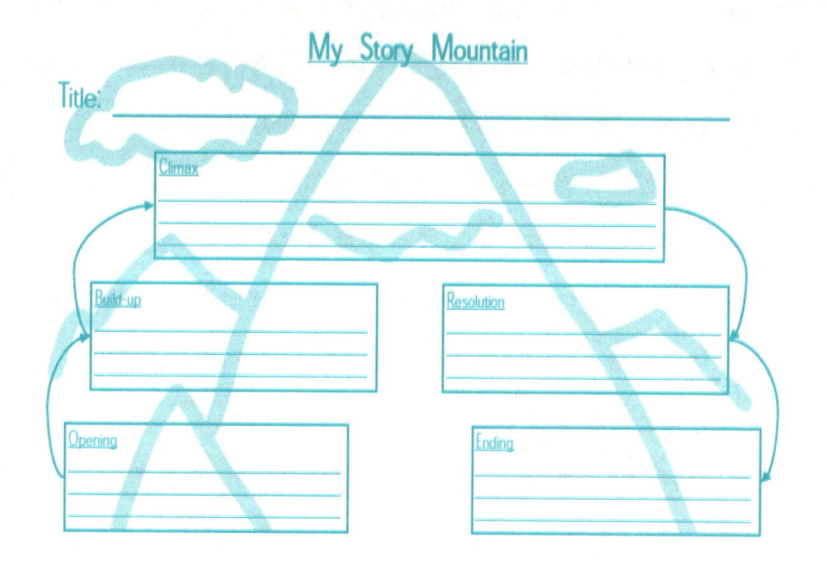

My Story Mountain

Title:

Climax

Build-up

Resolution

Opening

Ending

"下面，"老师说，"哪位小朋友来给这个故事配张插图呢？"

又一位小朋友站了起来，画一个"爸爸"，画一个"妈妈"，再画一个"我"。当然画得很不像样子，但老师同样认真地把它接过来，附在那一页故事的后面，然后取出一张精美的封皮纸，把它们装订在一起。封面上，写上作者的姓名、插图者的姓名，"出版"的年、月、日。老师把这本"书"高高地举起来："孩子，瞧，这是你写的第一本书。孩子们，写书并不难。你们还小，所以只能写这种小书，但是等你们长大了，就能写大书，就能成为伟大的人物。"

这件事情对当时才五岁的儿子启发很大,这样的一个"故事山"他经常提到。一年级的时候,他写了一个让他自己很自豪的故事——《小狼》。这是一个给了我很多惊喜的小故事。因为老师要求他们写"现实小说",也就是虚构的小说,但是具有很多现实元素。才读一年级的儿子,小脑袋里充满想象,所以就写了这个"有可能发生的小说"。老师很喜欢儿子的故事,问儿子是怎么规划的,他把"故事山"拿出来,给老师说了每一步他是怎么想的,特别是故事的高潮、矛盾和结尾,让他费了很多脑筋。后来,老师高兴地要孩子配画,把《小狼》变成了一本小故事书,读给全班同学听。

以前我听一个教育专家介绍过:传统的教育多以传统知识为主,很少有启发。教育,某种程度上限制了学生的创造力,妨碍了他们巨大潜能的激发以及视野的开拓。国外学校比较注重启发式教学,比如数学教学中,不要孩子背诵公式,反而要学会自己推导公式。这样也有利有弊,通常导致学生数理化基础知识普遍没有同年纪的中国孩子学得深和扎实,但是在创造力和动手能力方面却往往比较强。

在学校教育上,师生关系是平等的,教师是协助者和引导者。自治教育把发挥学生的主体作用作为施教的前提,认为人的成长取决于个体的特性,取决于潜能的发挥和人的自我实现。自治教育使学生掌握自我发展的规律和主动权,做自己命运的主人,从而发挥出更大的创造才能。

在家庭教育上也一样,有的父母把自己的孩子视为成人,尊重他们的权利和人格,平等地对待他们。他们给孩子更多的自由,更多的鼓励、启发和引导。他们让孩子按照自己的意愿去做自己想做的事。在此过程中,增强社会责任感,学会自己管理自己,成为一个有责任感的公民。从整体上来说，学生的适应能力、实际操作能力、协作能力和人际交往沟通能力，才是教育最应该注重培养的能力。

3. 过程比结果重要

先分享一堂小学四年级的公开课。

四年级的孩子们分成几个小组，每组有四个人，老师设计以小组竞赛的方式来教授全部课程。课程的上半部分以穿越的方式划分了历史的各个时期以及大事件。而下半部分，则以巨大的地图拼图来讲解地理和人文。以互动或者竞赛的方式来贯穿每个知识点，每一处都有音乐做背景，结合科技、数学、动植物分布、人文、地理等，全班一起演绎了一场别开生面的情景剧。将"什么是祖国"这个概念三维立体、贯穿古今地展现在现场所有人的眼前，让孩子们学得尽兴，在参观的家长也看得入神。

这是一套经过编排、参与性极强的系统课程，也可以说是非常完整立体的小学课程。而这套课程用简单的教具，丰富的课程编排演绎了学习的精髓。我心中暗暗佩服同行们课程设计的软实力！

这种小学四年级的课堂，让孩子来"经历和演绎"知识点，对培养孩子们的各种思考能力具有强有力的推动力。历史、地理、宗教、政治、经济、科技全部融合在课程里，知识点非常直观地展现在大家眼前，每个孩子能够被无差别地安排角色参与其中，情景感和身临其境感有效地刺激大脑，引起神经元节点的交联，让知识长期有效地储存在记忆深处。

让我印象最深的是，从头到尾，老师没有给过孩子们"标准答案"，只是在过程中引导孩子寻找答案。这些思维可视性工具，可谓起到了特别好的指引作用。比如，研究美国总统，孩子们要从总统的成长背景、重要成就、著名讲话等多方面来了解总统。同时，漂亮的时间轴能帮助孩子理清楚历史的进程。

研究课题和项目本身只是载体，是锻炼一个人思维方式、解决问题方式和能力、思维和行为习惯的工具，课题和项目本身有存在的价值和意义，但是，对于个人的发展来讲，他们所提供的锻炼是更为重要的。至于结果，不一定是考卷上的"100分"，但能带来真正的成功和幸福。

我的一个朋友也分享了跟儿子在"过程"当中找到学习乐趣的故事：

"那天，我跟儿子看一档名为'超级工程'的记录节目，介绍各种超级工程，从天上飞的大飞机、路上跑的重载火车、超级大卡车、海上巨轮到各种摩天大楼、水坝等。那天正好介绍一种海上超级货轮，我们边看边聊，不知道怎么就把话题扯到海运跟空运上来了——'哪一种综合经济效益高一些呢？'于是，儿子开始在手机上搜索各种参数、指标，我在旁边协助计算；从飞机到货轮，速度、运力、耗能、造价分摊，航空汽油多少钱1吨，船用的重油多少钱1吨等，都是一些比较浅层次的参数；通过各种神逻辑地一通计算得出一个概念性的结论：'海运比空运的综合经济效益要高一些。'当然各有不同的优势，空运每次运得少，但是速度极快，海运慢，但是每次都装得巨多。结论并不是很重要，这个过程很有意思。"

这位爸爸很聪明，在跟儿子讨论的过程中，不仅活学活用了知识点，教了孩子寻找答案的正确方式，而且借此机会，跟孩子进行情感链接，彼此留下美好的回忆。

4. 应用比理论重要

传统来说，教育主要是以课程的形式出现，教师课堂上讲、学生台下听、期末考试考的流程，在培养学生口头表达、阅读理解能力等方面，仍然需要进一步加强。好的教育注重应用，所学能有所用。即教育内容密切联系社会实际，重视相关的生活体验和社会实践。要提高孩子的表达能力以及动手能力，孩子从小就应该有很多课堂表述和当众演讲的机会，通过实验或者展示的形式来汇报学习成果，就是很好的办法。所以，学了就一定要运用，在运用中巩固和加强，知识只有运用了表现了，才表示真正学懂了。

譬如我给美国孩子上完中文课，会要求孩子们去中餐馆，认识中国的食物，甚至和说中文的中国人交流。注重知识的实用性，不断使用掌握的知识。

儿子在小学二年级学历史课时，老师并不强调死记硬背，而是注重理解和展示。在历史课学习美国历史上的各位总统时，老师会组织"蜡像馆"的活动。就是每个学生扮演一位已故的总统，要求每个扮演者以蜡像馆中陈列的总统蜡像出现，然后家长或者其他年纪的学生以参观者的身份出现，每当按动扮演者身上的按钮的时候，扮演者就要像总统蜡像一样说出所扮演的总统的生平逸事等。

我一直担心美国的数学基础教育没有中国的扎实，因为我发现孩子在学数学时很少死记硬背，老师从来不要孩子不断刷题，提高计算能力。后来开家长会时，老师强调数学要注重理解，明白为什么这么计算，以及解题的过程，而不单单是结果正确。

虽然很多孩子在数学方面比较领先，可是学到的东西会不会运用在实际生活上是另一个问题。好的数学教育会帮助孩子理解为什么这个公式是这个样子的,从而能够培养更多的数学创新人才。人才可以在工作创新上真正的利用学到的知识,这就是数学的逻辑性和发散性思维的展示。

另外,孩子的家庭作业很多都是开放题形式的,也就是说,没有正确答案的问答题的形式。例如,儿子历史课上学到早期美国西部的开发,涉及开发时期人们艰苦、流血和死亡的故事。课后老师让学生们在家长的带领下,到图书馆查找资料,画出向西开发移民的路线图,描绘艰难困苦的场面,然后在班上展览和分享。儿子因此而喜欢上了历史课。

5. 思辨比接受重要

孩子的世界可以论对错和好坏,但是成人的世界基本上就是利弊和价值。成人的世界可能没有对错而言,只是立场和价值的取舍问题。

在国外,可以看到各种不同的观点的存在,但是存在并不代表合理,并不是所有观点都是客观的准确的,美国也有很多的自媒体和社交网络上流传着很多虚假的捏造的信息,所以这就需要信息的阅读者和分享者具备一定的鉴别能力。

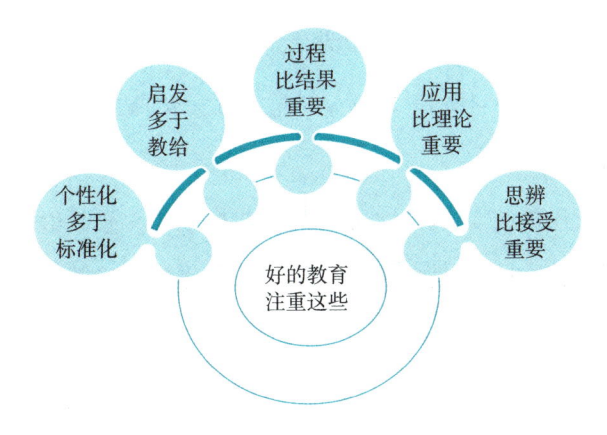

学校教育鼓励学生课堂讨论，很多课堂上会专门留出时间供学生们自由讨论。很多学校也都有自己的辩论队和模拟联合国俱乐部，这就是从小培养公众演讲和口才，教会孩子们尽管观点不同，也可以通过辩论来好好交流和沟通，各自陈述自己的证据和观点，这其实就是在培养孩子的辩证思维能力。

爸爸和儿子都是漫威漫画的粉丝，记得有一次看电影《美国队长3：内战》的预告片，儿子问爸爸："美国队长和钢铁侠都是好人，为什么他们会打起来？"爸爸提议和儿子一起去看电影，寻找答案。看完电影以后，爸爸问儿子："你觉得为什么他们打起来？"儿子说："我觉得他们都是好人，他们误解了彼此，但我相信他们最终还是会一起并肩作战的！"爸爸摸一摸儿子的头，对他说："是的，在大多数的时候，没有绝对的对和绝对的错，站在不同的角度会看到不同的图像，用不同的标准评判也会得出不同的结论。"

在信息大爆炸的时代，每一天网络上的信息纷至沓来，多到我们无法辨别真伪。所以信息处理和分辨能力尤为重要。不得不承认，未知永远大于已知。即使每天不停地阅读，因为信息量的庞大，我们看到的也许永远只是冰山一角。所以，任何时候都要尽量保持开放的思维和乐于接受不同观点的心态。

无论在家还是在学校，个性化多于标准化、启发多于教给、应用比理论重要、寻找答案的过程比结果重要、思辨比接受重要，每个方面都值得我们深思。

让成长看得见

有一位华裔妈妈的女儿是本地高中妥妥的学霸。在一次聚会上,她谈起自己的女儿:

"我们应该更注重培养孩子的能力,而不是单单推孩子上名校。我觉得除了学习之外,她真正的成功,其实在创造力、想象力、动手能力、抗压抗挫能力和组织能力上。但是华人家长,似乎很少训练孩子这些方面的能力。你觉得呢?"

我默默地感叹,焦虑的父母千篇一律,视角独特的家长百里挑一。做父母的能有这样开明的看法、眼界和格局,也许才是孩子最好的起跑线。

我在国外工作了十几年。在州教育厅工作的那几年,我有机会接触了一些了不起的校长。以下是他们认为二十一世纪受教育的目的:

"受教育的目的不止有一个,但其中之一应该是获得生活的灵感。"

"我认为在学校学习的阶段就是探索,是为未来做准备的。是连接懵懂和成熟之间的桥梁阶段。在这个阶段里,学生应该有充分的机会经历很多事情。"

"在我看来,读书的目的应该是让学生有机会从失败中学习,他们不应该因为犯错受到惩罚,反而应该学习如何从失败中进取。"

"求学阶段应该是帮助学生找寻自己的过程,创造个性,找寻到一样或者多样身份认同,认识自己到底是谁。"

"我认为教育的目的是帮助孩子成为积极参与世界事务的公民。"

所以,真正的教育,远远不只是学术学习而已,更应该帮助孩子"获得灵感""认识自己是谁",以及"从失败中进取"。

哈佛大学的托尼·瓦格纳博士在大量调研后,提出未来世界需要创新型人才必需具备的7个关键力是:批判性思考与解决问题的能力、跨界合作与以身作则的领导力、灵活性与适应力、主动进取与开创精神、有效的口头与书面沟通能力、评估与分析信息的能力、好奇心与想象力。

托尼·瓦格纳博士认为世界改变了,我们的教育方式却没有更新换代,依然停滞不前。培养孩子真正的能力应该是教育的核心,培养孩子具备在未来竞争中获胜的关键在于技能,不光是知识。

经过思考,我也为孩子设计了一个"成长档案":

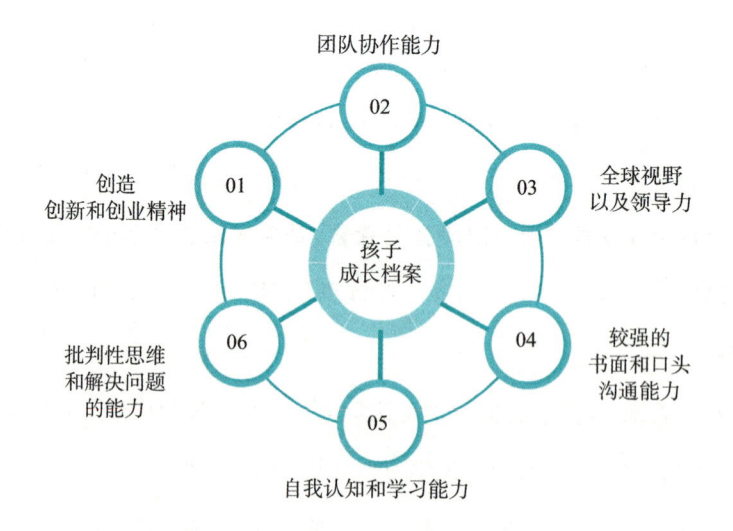

孩子成长档案：
- 01 创造创新和创业精神
- 02 团队协作能力
- 03 全球视野以及领导力
- 04 较强的书面和口头沟通能力
- 05 自我认知和学习能力
- 06 批判性思维和解决问题的能力

在这个分析之中,我和老公的教育目标更加统一,方向感也更强了。我建议您也根据您对孩子的教育期望值,制定相应的目标,同时践行在每一天的学习和生活中。比如:

创造,创新和创业精神

- 自己配制柠檬甜水,赚取了五十美金的收入
- 在白色口罩上画画,这样让口罩更加漂亮
- 利用乐高积木,推出了一个大机器人
- 制作小视频,普及新冠预防知识

团队协作能力

- 跟弟弟四手联弹钢琴曲
- 跟妈妈一起做饭
- 在篮球和足球队,跟队友配合得很好

全球视野以及领导力

- 学习西班牙语,用西班牙语讲故事《好饿的毛毛虫》
- 整理去中国旅游的照片,做成小视频给老师分享
- 中国新年的时候,给同学介绍中国文化

书面和口头沟通能力

- 生气的时候,给妈妈写信,详细告诉妈妈原因是什么
- 自己画漫画,叙述一个故事
- 跟好朋友发生矛盾的时候,能自己去沟通解决

自我认知和学习能力

- 不认识的单词自己寻找意思

- 暑假读十本世界名著
- 自学新加坡数学

批判性思维和解决问题

- 跟爸爸一起设计装置,通过洒水驱赶偷吃院子里蔬菜的小动物
- 把家里的书分类,布置客厅的书柜
- 写文章,告知妈妈玩电子游戏的好处

这个过程中,我们用心引导孩子,孩子有心地在这些方面锻炼自己,增强了主动性和自信心。

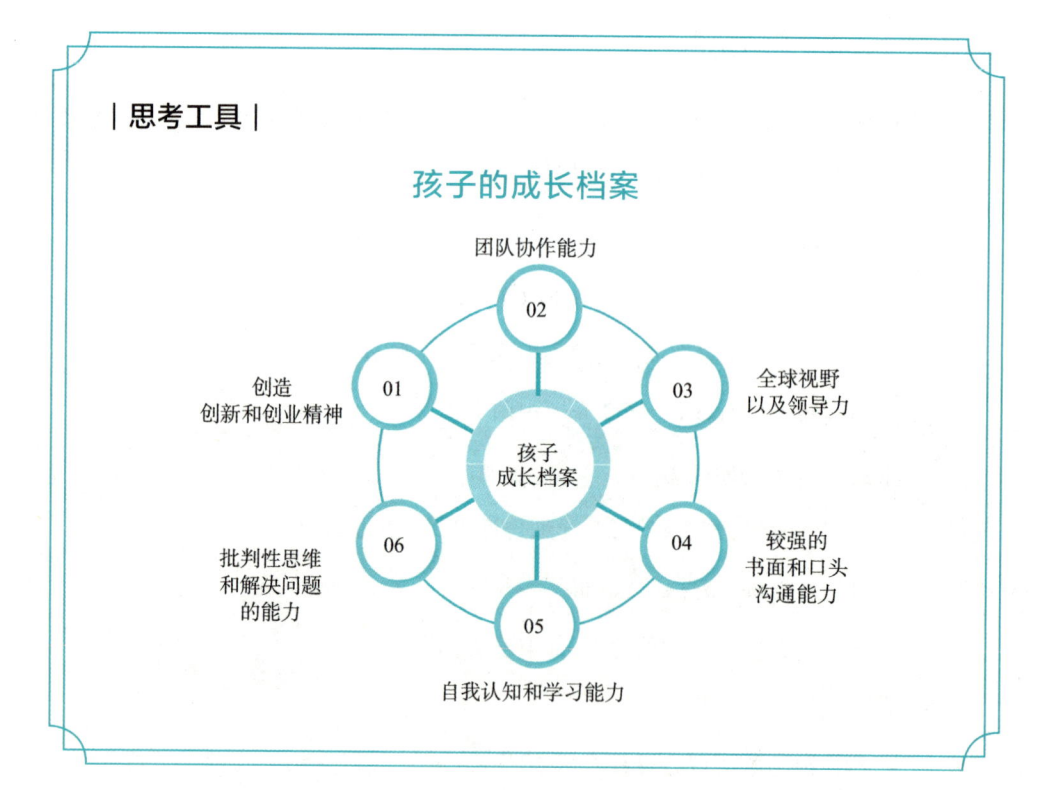

| 思考工具 |

孩子的成长档案

- 01 创造创新和创业精神
- 02 团队协作能力
- 03 全球视野以及领导力
- 04 较强的书面和口头沟通能力
- 05 自我认知和学习能力
- 06 批判性思维和解决问题的能力

第十二章 / 卜得到未来

对于这个成长档案，您觉得最重要的是：

为什么？

还有哪些您觉得应该在成长档案里？

您对孩子的教育期望值：

孩子需要掌握的重要的知识：

孩子需要锻造的技能：

孩子应该具有的态度：

对孩子成长有利的价值观：

您希望孩子培养的世界观：

您希望孩子具有的行动力：

♥
结语

很多亲戚很久没有看到我们的两个孩子了,他们很惊喜我们的孩子长大了!晚上回家后,二儿子忍不住问我:"妈妈,什么才算长大啊?"我画了一个这样的图:

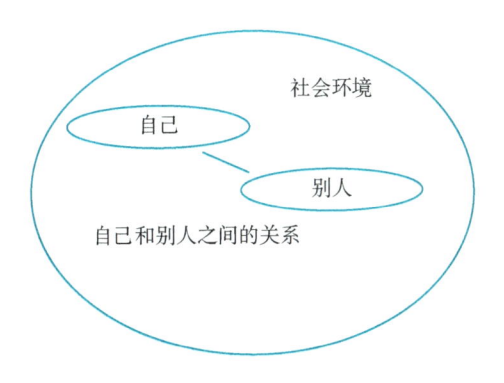

社会环境
自己
别人
自己和别人之间的关系

我解释说:"如果有一天,你能清楚地认识自己的优点缺点、优势弱势,你也清楚别人真正的需要是什么;同时,你也清楚你所处的大环境是什么,能明白自己的定位,明白在这个大环境下,你跟别人的关系是什么,那你就长大了!"

还在读小学的小儿子听得一头雾水。我搂着他说:"如果你觉得很难懂没有关系,因为人的一辈子都在'长大',这是需要我们用一辈子时间来慢慢思考的大问题。"

在写这本书的时候,我也在不断反思我和儿子们之间的关系,我们夫妻俩的关系,我们和周边人以及整个大社会的关系,到底是什么样的?我们所追寻的"成功"有多少是缘木求鱼、水中探月?回望过去十年做父母的过程,刚开始的感受和反应都是本能,直到我们开始有意识地去思考、去把控、去选择、去变得不同的时候,才发现每天枯燥的带娃日子,无不充满了学习的契机,充满了生命的奇迹。

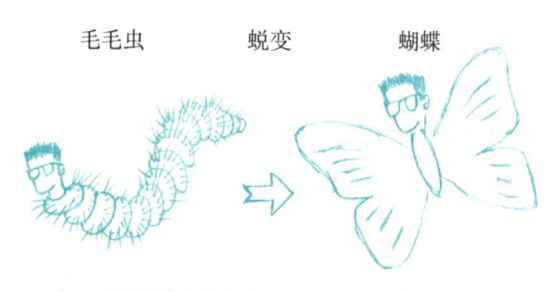

毛毛虫　　蜕变　　蝴蝶

(程毅博士的手绘画《毛毛虫蜕变蝴蝶》)

每个家庭都是独特的,每段亲子关系都是珍贵的。而当孩子和父母都意识到自己存在的意义,在怀抱诗和远方,在让自己发光的同时,也有勇气和智慧去点亮别人，这就是看似平淡但是充满价值的生活。

动画电影《赛车总动员》的插曲中有段歌词是这么唱的，在此作为书的结尾，跟天下父母共勉：

Don't give up! 带孩子的艰巨道路

（程毅博士的手绘画《带孩子的艰巨道路》）

生活就像是你旅行的道路

今天驻足在这里，明天又踏上新的征程

有时候屈服有时候坚强

有时候逆着风的方向

黑暗之外有个世界

在那里，忧伤不再打扰你

在那里，充满了勇气和爱

来和我一起驰骋吧，一起去那遥远的海滨

我们不要犹豫

去冲垮生命的藩篱

没有时间再去等待

生活就像是高速公路

我要星夜兼程

你我同路

虽然路途艰难

但是迎着阳光！